U0609696

数字化视域下高校教师教学能力提升策略研究

许燕燕◎著

中国商务出版社

·北京·

图书在版编目（CIP）数据

数字化视域下高校教师教学能力提升策略研究 / 许燕燕著. -- 北京：中国商务出版社，2024.10.
ISBN 978-7-5103-5505-9

Ⅰ . G645.12

中国国家版本馆CIP数据核字第2025CY5785号

数字化视域下高校教师教学能力提升策略研究

许燕燕　著

出版发行：中国商务出版社有限公司

地　　址：北京市东城区安定门外大街东后巷28号　　邮　　编：100710

网　　址：http://www.cctpress.com

联系电话：010—64515150（发行部）　010—64212247（总编室）
　　　　　010—64515164（事业部）　010—64248236（印制部）

责任编辑：杨　晨

排　　版：北京盛世达儒文化传媒有限公司

印　　刷：宝蕾元仁浩（天津）印刷有限公司

开　　本：710毫米×1000毫米　1/16

印　　张：12.5　　　　　　　　　　字　　数：220千字

版　　次：2024年10月第1版　　　　印　　次：2024年10月第1次印刷

书　　号：ISBN 978-7-5103-5505-9

定　　价：79.00元

凡所购本版图书如有印装质量问题，请与本社印制部联系

版权所有　翻印必究（盗版侵权举报请与本社总编室联系）

前　言

在当今信息化和全球化迅猛发展的时代，数字化已经成为推动各行各业变革的核心力量。教育领域，尤其是高等教育，正经历着一场深刻的变革。数字化技术的广泛应用，不仅改变了教育的方式和手段，也对教师的教学能力提出了新的要求。在这种背景下，如何提升高校教师的教学能力成了一个亟待解决的重要课题。

高校教师是高校人力资源的核心资源，同时也是高校核心竞争力的重要组成部分。我国高等教育在实现大众化的道路上，注重高等教育普及的同时也越来越注重教育质量的提高。提升高等教育质量的重任则落在了高校教师的身上，所以当前高校师资竞争愈加激烈，高校教师教学能力培养也成为国家、地方政府以及高校所关注的焦点。基于此，本书首先从高校教师发展的理论入手，针对高校教师专业发展提升策略、高校教师的教学能力及其培养进行了分析研究；其次，对数字化视域下高校教师专业能力培养、高校教师教学能力提升的队伍建设、高校教师教学能力提升策略做了详细的介绍；最后，对多元视角下我国高校青年教师发展提升作了简要分析。本书力求把教育教学理论和实际相结合，对长期教学工作中的思想、理论、方法和经验进行总结，旨在为数字化视域下高校教师的教学能力提升提供技术层面的支持，对教师做好教学工作有一定的帮助和引导作用。

作者在编写的过程中参考了大量的资料，并得到许多同人的支持和协助，在此谨向资料的提供者和作者表示衷心感谢。由于作者的知识和实践经验所限，书中难免有不足和疏漏之处，欢迎读者提出宝贵意见。

作者

2024.3

目录

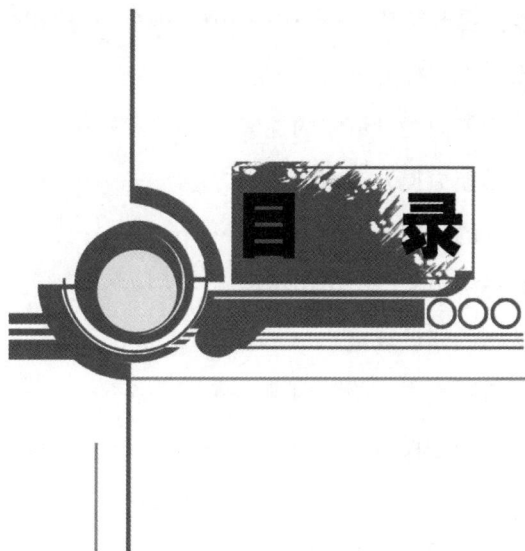

第一章　高校教师发展的理论 ································· 1

　　第一节　人力资源开发理论 ···························· 2

　　第二节　学习型组织理论 ····························· 11

　　第三节　知识社会学理论 ····························· 20

第二章　高校教师的教学能力及其培养 ··················· 28

　　第一节　高校教师的教学设计能力 ···················· 28

　　第二节　高校教师的教学评价与教学反思能力 ············· 33

　　第三节　高校教师的教育技术应用能力 ·················· 46

第三章　数字化视域下高校教师教学能力的认知 ··········· 53

　　第一节　数字化视域下高校教师的定位转变 ··············· 53

　　第二节　数字化视域下高校教师教学能力提升的思想认识 ······ 67

　　第三节　数字化视域下高校教师教学能力提升的原则和方向 ····· 77

第四章　数字化视域下高校教师专业能力培养 ············· 80

　　第一节　学习和自我发展能力的培养 ··················· 80

　　第二节　教学情境创设能力的培养 ···················· 88

　　第三节　教师反思能力的培养 ······················· 93

　　第四节　教师教学评价能力的培养 ···················· 101

第五章　数字化视域下高校教师教学能力提升策略 …………………… 106

　　第一节　数字化视域下高校教师教学能力提升分析 ………… 106

　　第二节　数字化视域下高校教师教学能力提升策略的探索 ………… 113

　　第三节　数字化视域下高校教师教学能力提升策略的实现方法 ……… 119

第六章　数字化视域下高校教师能力提升的队伍建设 …………… 126

　　第一节　数字化视域下高校教师队伍的组成 …………… 126

　　第二节　数字化视域下高校教师队伍的建设规范 …………… 130

　　第三节　数字化视域下高校教师队伍建设中面临的困难 ………… 135

　　第四节　数字化视域下高校教师队伍的建设方法 …………… 141

第七章　数字化视域下高校教师信息化教学能力的发展路径 ……… 148

　　第一节　数字化视域下高校教师信息化教学能力的发展模式 ………… 148

　　第二节　数字化视域下高校教师信息化教学能力的发展路径 ………… 153

　　第三节　数字化视域下高校教师信息化教学能力的发展机制构建 …… 159

第八章　多元视角下我国高校青年教师发展与提升策略 ……… 167

　　第一节　高校青年教师专业发展影响因素分析 …………… 167

　　第二节　高校青年教师专业发展有效供给策略 …………… 172

　　第三节　高校青年教师专业发展项目建设 …………… 178

参考文献 …………………………………………………………… 190

第一章

高校教师发展的理论

当前，高校教师发展主要是以一种实践工作的形态出现的。建立高校教师发展机构、开展教师发展活动是自上而下的一种工作安排。为何需要开展是政策的安排，如何开展工作则是根据各校的实际探索或者借鉴其他学校的经验，少有人专门思考高校教师发展工作应在什么样的理论指导下开展。但是，理论是实践的精髓，是思考的根本。高校教师发展作为一项实践性极强的活动，同样需要在一定的理论指导下进行具体的实践操作。有研究者认为，高校教师发展的理论至少具备以下三大作用。

第一，可以将复杂的教育教学活动进行抽象、简化。高校教师发展内涵极为丰富，涉及高校、教师、管理人员、教育环境及其相互作用，过程非常复杂。在这种情况下要帮助教师提高教学水平，促进教师发展，有效地开展教师发展活动，就要对教师发展过程中的各种因素进行分析、归类，对复杂的现象进行抽象和简化，只有这样才能把握影响高校教师发展的主要因素和规律。

第二，可以指导分析、诊断教学活动。高校教师发展项目要取得成功必须对教师教学和其他方面工作中存在的问题进行准确的诊断和分析，只有这样才可能为教师提供有针对性的建议和帮助。由于每一位教师的具体情况差异很大，理论上的分析和诊断虽不能提出解决问题的具体方法，但可以指出解决问题的方向。

第三，理论具有启发性，可以为各种教师发展的策略、方法提供基础。因此，高校教师发展有必要获得自身的理论基础。特别是当高校教师发展项目普遍开展之后，建构有中国特色的、推动高等教育发展的高校教师发展实践策略和模式，寻找适合理论基础支持显得尤为必要。

第一节　人力资源开发理论

在教育主管部门一系列政策措施的推动下，高校纷纷建立教师教学发展中心等机构，开展教师发展活动。在原有的高校师资队伍建设管理体系中，高校教师培训制度是一种传统制度。新的高校教师发展制度和政策与原有的教师培训制度在诸多方面存在着差异，其政策的目的、指向、实施等都有着回应当前高等教育发展问题的特质。然而，在实践过程时，尽管很多高校都单独设置机构、配备人员、划拨经费，但在实施教师发展项目时，很难将教师发展与培训进行必要的区分。一些教师发展机构在开展教师发展活动、组织相关项目的过程中采取的措施和做法甚至与教师培训无异，如有的大学以参加相关活动、获得证明作为教师参评高一级职称的条件，强制要求参加；有的不重视活动形式，不了解和满足教师需求，内容枯燥、形式单一，必然导致教师被动参与、积极性不高、效果不明显等问题。教师发展成为原来教师培训工作的翻版，导致"新瓶装旧酒"，难以达到政策实施的目的。分析这些现象，不难看出引起这些问题的根本原因是对高校教师发展的认识还存在着一定的偏差，既缺少资源开发与利用意识，也缺少人性化关怀和服务意识，还没有从过去的教师培训的思路中走出来。

从20世纪90年代起，人力资源管理思想开始被大规模引进美国高校管理。一个明显的标志是高校争先恐后地把"人事部"改名为"人力资源部"，系统规划、建设、培育和发展教师队伍的思想开始出现。许多高校建立"一站式"服务的教师发展中心，全面领导教师发展，以此保持和发展学校的学术竞争力。高校教师发展实际上就是要帮助教师发展多方面的能力，促进教师更好地完成自身工作，实现大学的职能，这与企业对员工进行人力资源开发、挖掘员工潜能、服务企业发展有着某些内在的相似性。因此，如何更好地认识高校教师发展工作的要求，借鉴人力资源开发的相关理论可以为打开研究工作新局面提供一些启发。

一、高校教师发展与人力资源开发的一致性和相似性

（一）概念内涵的一致性

人力资源开发（Human Resource Development）和高校教师发展（Faculy Development），除了对象不同之外，开发和发展在英文中都用同一个词"development"来表达。由美国培训与开发协会（American Society for Training & Development，ASTD）资助的派特·麦克莱甘1989年在其研究结果中，将人力资源开发定义为综合利用培训与开发、职业生涯开发、组织开发等手段来改进个人的、群体的和组织的效率的活动。这项研究同时也阐释了现代的人力资源开发理论不仅包括传统意义上的培训和开发领域，还包括职业开发和组织发展。"高校教师发展"这一名词传入我国后，就其概念而言，狭义的理解是促进教师在教学能力方面的提高，广义的理解是教师的全面发展，其发展对象为高校教学活动中的教师，具体来讲是以提高高校教学水平为核心，促进教师有效地完成各种工作任务的有关理念、方法和实践的综合性框架，包括教学发展、组织发展、专业发展、个人发展。分析两个概念可以发现，人力资源开发和高校教师发展在以下方面存在着一致性。

1. 目标的一致性

两者都以服务个体发展和组织发展为目的。人力资源培训和开发在于通过有计划的学习、分析，确保并帮助员工个人提高关键技术和能力。高校教师培训是传授教师目前教学和科研工作中所需的知识、技能和能力，而高校教师发展则是对教师教学和科研能力的开发，更加强调和关注为未来工作做准备。人力资源开发要满足改进组织效率、解决组织中存在的问题的需要，达成组织的目标，根据组织内外环境的变化，有计划地改善和更新企业组织。同样，高校教师发展活动也需要达成高校教师发展的目标；高校组织发展主要通过教师发展活动来实现；高校组织发展的成功需要教师参与。

2. 内容的一致性

人力资源职业开发包括职业规划和职业管理，即员工进行职业生涯规划和组织对职业规划的督导和调整。高校教师发展中的个人发展、教学发展与专业发展的核心也是促进教师成为更成功的学术职业者（教学在本质上也是一种学术），即最重要的就是推动教师的个人学术职业生涯发展，这同时也需要教师发展组织

对教师个人的职业规划进行合理指导和引导，并督导教师实施其职业生涯规划。

（二）项目活动的相似性

人力资源开发是企业有计划地对人力资源进行合理配置，通过对企业中员工的招聘、培训、使用、考核、激励、调整等一系列活动，调动员工的积极性，发挥员工的潜能，为企业创造价值，确保企业战略目标的实现。同样，大学作为正式组织，和企业一样，也需要通过建立教师发展机制、开展教师发展活动、提供教师发展项目等一系列举措，最大限度发挥教师的教学、科研能力，并为教师不断提高教学科研能力提供机会和服务，进而实现教师的个人发展和组织发展，从而在一定程度上实现高等教育教学质量和教育质量的提升这一战略性目标。

（三）组织部门和机构的相似性

根据组织学的基本原理，即功能决定结构，结构支持功能，组织发展战略目标的实现取决于组织结构的有效设置，人力资源开发职能的完成依赖于一个精简、高效的人力资源开发部门的组织结构。由于不同的企业战略和内在管理机制的差异，人力资源开发部门采用的组织机构差异也较大，其中包括客户模式、学院模式、矩阵模式、企业办学模式、虚拟模式。同样，高校教师发展工作的完成、实现高校教师的发展也需要一个精简、高效的高校教师发展机构的组织结构。由于高校教师发展活动在各院校的组织和运行差别大，这些差别体现在教师发展机构的组织地位、人员配置、经费来源、服务对象等方面。赖特（Wright）根据高校教师发展中心在院校组合中所处的地位和发挥的作用，将这些中心的运作模式分为四种：多校区合作项目模式、校园中心模式、特殊项目的中心模式、院校教师发展项目模式。

二、人力资源开发视角下高校开展教师发展活动的策略

随着知识经济时代的来临，人力资本被当作最重要的资本来看待，企业员工的技术、知识和能力以及同顾客间的相互关系会创造出一种核心竞争力，为此，企业可以持续拥有这种竞争优势。高校通过发展教师的核心专长和技能，以及培养教师的组织承诺感和组织认同感，可以帮助高校获得核心能力和竞争优势的提高。高校要想获得竞争优势，就必须将人力资源开发即高校教师发展视为一种更广泛意义上使高校教师增值和使高校持久拥有竞争力的来源。随着对高校教师管理问题研究的深入，人们发现高校教师也普遍存在组织融入和专业继续教育的

需要，人力资源管理理论与实践极大地丰富了高校教师管理的内涵。高校教师发展活动在组织和实施中可以借鉴人力资源开发的理论和实践经验，转变观念，将教师看作学校的资源，从资源建设的角度看待教师队伍建设的问题，从以下方面着手。

（一）对教师发展需求进行分析

发展需求的分析是确定要不要进行教师发展的重要依据，对教师发展有着重要的意义。借鉴企业员工培训的相关经验和模式，根据需求分析所涉及内容，通常分为组织分析、任务分析和人员分析。

1. 组织分析

组织分析从企业的经营战略使命目标出发，决定相应的活动，并为发展活动提供相应的支持和可利用的发展资源。对高校教师发展活动进行组织分析，了解发展活动的背景，了解教师数量和质量的需求状况状态，从而确定教师发展的重点是教学发展、组织发展、专业发展还是个人发展等。同时分析管理者对教师发展活动的态度，教育管理者、高校高层领导如果对高校教师发展工作持有积极态度，并同意向教师提供关于教师发展所需的经费、政策支持、规划引导等，这时高校教师发展工作的效率就会提高。

2. 任务分析

工作任务分析即对工作做详细的研究以确定必要的方法，以便实施适当的发展活动计划。对高校教师发展活动进行任务分析就是确定高校教师发展的任务是帮助教师提高教学效率，促进教师之间的交流，改善大学教学，还是掌握学科前沿动向，提高科研能力或者是提高学历学位层次，着重于教师培训、教学咨询、研究交流，促进教师教学理念更新、业务水平和教学能力的提高，还是建设学校特色的教学文化。

3. 人员分析

人员分析就是帮助确定哪些人需要发展服务，在哪方面有发展需求。对高校教师进行人员需求分析，从服务的角度出发，开展满足教师需要、能吸引教师积极参与的项目和活动是非常有必要的。在美国，在计划高校教师发展项目之前首先要对教师进行需求评估，了解和分析教师对相关活动的需要，在美国高校中，绝大多数教师发展项目都是教师自愿参加的，一旦项目的内容不适应教师的需要，不能达到教师的预期目的，教师就会选择退出活动，这样也就意味着项目的失败。高校教师发展人员通过分析不同年龄层教师发展需求、不同学科教师需求、不同职能岗位教师的需求，获知教师希望获得什么样的发展，需要什么知识和技能，在自我发展过程中希望得到什么样的外部条件支持，从而提高教师参加高校教师发展活动的积极性和主动性。

（二）要明确高校教师发展的目标

人力资源开发系统中第二个步骤是确立目标，目标是确立在需求分析基础上的。教师发展目标指教师发展活动的目的和预期成果，是教师发展必不可少的环节，它能结合教师、高校管理者、教育行政部门的需要，满足教师的需要，帮助教师理解其为什么需要发展，能指导高校教师发展政策制订及实施过程，为高校教师发展组织确立需要完成的任务，对高校教师发展活动和项目起到指引性作用。如美国在20世纪50年代至60年代早期的学者时代，高校教师发展的主要目标是促进高校教师科研学术能力的提高；到了60年代中期至70年代的教学时代，目标是提高教师的教学水平；到了80年代的开发者时代，目标是增强教师活力，实现对教师能力的开发；接着90年代学习者时代的目标是改善学生的学习。到了21世纪的今天，高校教师发展在实现原有目标的基础上，还要迎接21世纪遇到的挑战，要与教师和院校领导一起协作，解决院校问题，提出建设性的办法。伴随着教师自身角色的变化和高校环境的挑战，高校教师发展在目标、范围上进一步扩大，承担更多的责任。在我国，从高校教师培训到高校教师发展的过程中确立了高校教师发展的目的，是促进教师各方面能力的改善，是促进教师科研、教学和社会服务水平和质量的提高，是促使教师向更加优秀、更加杰出的研究者、教学中的专业人员转变，使其更加胜任自身工作并从中获得满足感和幸福感。以这样的高校教师发展目标为出发点，让高校教师发展活动和项目顺利有序地进行，让教师主动实现自我成长，并结合高校组织的任务和使命，可以让教师和学校取得更大的成就。

（三）采取适当的高校教师发展方法和形式

确立了目标之后的第三个步骤就是选择完成目标的方法。在人力资源管理和开发中，为了帮助员工获得知识和技能，调动员工的积极性，发挥员工的潜能，就需要不同的管理和开发形式。在我国高校教师发展工作实践中，主要以11种培训形式为主，包括：高级研讨班、国内访问学者、毕业研究生同等学力申请硕士学位教师进修班、骨干教师进修班、高等学校教师在职攻读硕士学位、助理进修班、岗前培训、社会实践、单科进修、短期研讨班或讲习班、出国进修。

从培训的方法来看，主要是以专题讲座专家授课的形式进行的。高校教师作为专业工作者，有一定的教学知识积累和研究经验，单一的授课形式很明显不能满足他们多样化的发展需求，与统一参加培训班比起来，他们更需要针对各自特点、能在教师工作各个方面促进自我成长的个性化服务和支持，需要面对面的咨询、研讨班或者是获得相关的资源等。以改善教师教学、研究、服务以及个人发展为目的的高校教师发展方式应该改进枯燥单一的培训形式，丰富和创新发展形式，借鉴美国的高校教师发展方式，如咨询、研讨会、教学技术辅导、教师适应、对院系和个人拨款和资助、提供资源、学术休假、教师评价、开展成长和专业发展规划和讲座等，提高我国高校教师发展的成效，提高教师的参与积极性和效果。

（四）实施高校教师发展有效的项目和活动

在人力资源管理和开发中，实施人力资源的开发项目是其中最重要的一环。高校教师发展活动和项目就是针对不同职业阶段教师所面临的不同困难和问题、所需要的不同形式的帮助和支持开展的不同活动，提供有针对性的服务，设立相应的教师发展项目。美国的高校教师发展具体项目就有新教师发展项目、职业生涯中期教师发展项目、终身职后发展项目、兼职教师发展项目和未来教师发展项目等。如密歇根大学通过其大学学习和教学研究中心开展了丰富的活动和项目，包括：为大学各学院和研究单位提供促进学科教学和学习改善的以学科为基础的个性化服务；新教师与研究生助教参加的教学适应及英语学院学习与教学研究中心讨论会；全校性的系列研讨班、教务长教学研讨班、外籍教师晚宴、研究生助理项目；为教师、研究生、管理人员提供咨询服务；教学管理资助项目，支持教师改善教学；通过项目和服务帮助教师个人和院系进行教学技术的探索、运用和评价；为各院系提供课程改革评价、专业评价。借鉴美国高校教师发展的经验，我国高校通过活动和项目的方式开展高校教师发展工作，可以改善教学、提高教师教学水平、促进学术研究，为特定的教师群体提供有针对性的服务，促进教师队伍建设，改善教师发展工作的管理。

（五）评价和反馈高校教师发展效果

为了实现对一个活动和项目的有效性进行评价就需要检验其产生的结果。效果评价是开发人力资源和让企业获得销售额上升及令顾客满意度增加的一个途径，通过询问参与者的看法来评价一个项目也是一种低费用的方法，它可以提供直接的反馈及改进建议。通过对效果的具体测定，可以了解员工人力资源发展所产生的收益，把握企业的投资回报率，更好地进行人力资源开发，为企业的人力资源决策和工作的改善提供依据。对高校教师发展项目的效果评价，既包括教师对教师发展项目的评价，也包括通过对教师的考核来发现发展项目的成效。

对发展成效的评定包含三部分内容：首先，测定教师对教师发展项目的反应，如果教师对项目的内容和形式不感兴趣，就不会用心参加，发展项目效果也不会好；通过教师评价可以得知教师发展活动是否达到和完成了教师发展的组织目标和教师的个人预期目标，为高校教师发展机构改善工作提供反馈和改进意见。其次，测定教师对所参加活动内容的吸收掌握程度，在培训项目终结时通常会安排考核来检查教师的学习成果，只有成绩达到合格，才能拿到培训班的结业证书。最后，确定教师在参加了教师发展活动之后，与工作相关的行为发生了哪些变化，如果教师把教师发展活动中的经验、想法、技能运用于工作中，提出更多合理化的建议，改进了工作，那么说明教师发展工作是有效且成功的。

三、人力资源开发视角下教师发展的个体策略

（一）树立教师发展的思想理念

在人力资源开发中，激发员工的自我发展意识是企业人力资源开发的基础和关键。高校为持续有效地满足社会的需求，获得相应的资源以实现其组织目标，首先就要通过充分挖掘和开发自身的资源，实现高校教师发展。而高校教师发展的目的是实现教师教学、科研、个人和组织发展，其围绕的中心还是教师群体的发展。反之，教师群体的发展能让高校在"软件"上得到提升，从而增强其核心竞争力，实现组织目标。随之，高等教育教学质量才能得到实际意义上的提高。高校教师对其发展的自我认知越高，对未来的发展规划越清晰，才越愿意承担自身发展的责任。因此，只有树立教师发展思想理念，认识到高校发展的组织目标和教师发展目标的一致性，即实现教师自身和高校的同步发展，才能让教师更加有意愿承担发展的责任。

（二）唤醒自主发展的意识

传统人力资源开发理论是一次开发理论，即人的开发仅是学校和教育部门的事。现代人力资源开发更加强调自我开发是人力资源开发的根本途径。同样，

高校教师发展强调的也是高校教师作为个体的主动发展，对于高校教师来说发展的主体是自己，发展的客体也是自己，发展的目的是自我成长、自我发展并最终实现自我价值。这种自主发展高度重视和强调自身的觉悟性和主动性。因此，要让教师将自主发展意识作为其发展的内在动力，将自身的成长作为理想，认识到高校教师发展不是学校和教育部门的事，教师发展活动不是行政管理要求而是自身成长与发展的需要，通过找准自身的潜能和优势，把自身的潜能和优势与教育的需要相结合，使其最大限度地得到发挥，并取得创造成功，从而实现自身的价值，让自己成为教师发展的主人，做到从"要我发展"到"自主发展""我要发展"的根本上的转变。教师自主发展不仅包括自主学习、调查研究、主动掌握信息，还包括对人生的终生规划，即教师根据社会发展的需要和自己的特点，正确选择成长目标，科学发挥自己的潜能，使自己不断取得成功。除此之外，还需要对自己从事的工作作出职业生涯规划。

（三）不断进行自我反思

对高校教师而言，要实现自身的成长和发展，在教育教学实践中形成自我反思的意识是必不可少的。叶澜教授曾经指出，教师成长和发展需要"对自己的教育实践和周围发生的教育现象，能保持一份敏感和探索的习惯""不断改进自己的工作，形成理性的认识"。在教师发展中，自我意识和自我反思使教师成为自己发展的主体，教师将工作中的经验建构成自己内部的经验，是教师不断进行自我追问、自我肯定或否定，将此作为动力不断鞭策和提升自己的过程。教师的自我反思首先要从自我认知开始，认识到自己所从事职业的特征、需要具备什么样的教学和科研能力，评价自己是否胜任教师岗位等；其次就是进行教师的自我反省和更新，在自我认知之后，真正促使教师做到自我改变的是教师的自我反省与更新，当教师并不满意其现有的教学现状的时候，当他觉得应该自我提升教育教学水平的时候，自我反省与更新就开始了。教师在教育教学事件中、在教学实践过程中，在学习了关于教师发展的理论之后，在教师发展活动及咨询指导等情况下都可以进行自我反思。教师在通过理性的反思之后，还需要自我认同、自我肯定，也就是在教师职业中寻求自身实现的价值，比如在教学中获得奖励、职称的晋升、教学经验的体验和提升、教育水平的进步等都会让自己在工作中将得到的肯定化为一种自我认同，只有在这样的情况下，教师才会产生工作热情和对其事业的归属感。

高校教师发展在近半个世纪的研究和实践中不断变化，首先是教师发展理念上从培训转向发展，管理上不断倾向于服务；其次是教师发展形式和内容的不断丰富和创新；最后就是教师发展的理论研究不断转化为实践发展，同时高校教师发展的研究视角也不断拓宽，但是从人力资源管理和开发的视角来看，大学对教师这一人力资源开发的研究和实践还不够多。因此，从人力资源管理和开发的角度看待和完善高校教师发展体系，有利于提高高校教师发展项目的设计、实施和评估整体的科学化，满足高校对高校教师发展工作的要求和高校教师的发展需求。现代人力资源开发理论给了我们一个分析高校教师发展的全新视角，在高校教师发展工作中融入人力资源开发全新观念，在注重高校教师发展的同时，可以加强高校教师发展的工作体系力度，推进高校教师发展的科学化进程。在实践中，有的高校教师发展机构在运用人力资源开发的相关理论指导教师发展工作方面进行了尝试和摸索，产生了良好反响。首都经贸大学教学促进中心（OTA）就是率先运用人力资源开发理论帮助教师进行职业生涯规划、推动教师职业互助的教师发展机构。由于这些活动的形式和内容十分新颖，受到教师的欢迎，教师参与积极性高，在推动教师发展上已经取得了良好的效果。

当然，我们也应该看到，大学在本质上不同于企业，更多的是处于"有组织的无政府状态"，教师所从事的科研和教学工作与企业的生产有着巨大的差异，对高校教师工作的评价与对企业员工的评价应有区别。基于企业管理的人力资源开发或者职业生涯发展理论在某些方面并不完全适用于大学的环境，强调教师的职业生涯规划或人力资源开发而较少注意指导教师发展学习理论、教学理论、成人发展理论、成人教育理论等，以较为单一的人力资源管理特别是人力资源开发理论作为推动教师发展工作的理论基础尚显单薄。我们应充分吸收人力资源开发理论和实践中的优势，取长补短，推动高校教师发展工作取得实际效果。

第二节　学习型组织理论

学习型组织理论是当今前沿的企业管理理论之一，被很多企业在管理实践中运用，也使很多著名的企业重新焕发出活力。麻省理工学院物理学教授佛瑞斯特将系统动力学的原理运用在学习型组织中，描述了企业的理想形态的三个特征，即层次扁平化、组织信息化和结构开放化。随后，彼得·圣吉对学习型组织理论进行了完善，他在《第五项修炼》中叙述了创建学习型组织的具体方法，包括共同愿景、团队学习、自我超越、心智模式、系统思考五项内容。从某种意义上说，高校在诸多方面与学习型组织具有一致性，学习型组织理论中有关企业组织发展与员工发展关系的理论能为高校发展与教师发展提供借鉴和指导。

一、学习型组织理论的基本内涵

21世纪，社会变化日新月异，知识更新速度加快，学习成为组织适应环境变化的重要途径。20世纪90年代，彼得·圣吉首先提出学习型组织理论，引起人们的广泛关注。学习型组织理论首先被运用到企业中，并取得了很好的效果。之后，学习型组织理论被运用到中小学学校中，也取得了良好的效果。

学习型组织理论内涵十分丰富，学习型组织理论认为，在新的经济背景下，企业要持续发展，必须增强企业的整体能力，提高整体素质；未来真正出色的企业将是能够设法使各阶层人员全心投入并有能力不断学习的组织——学习型组织。彼得·圣吉指出，拥有比对手更强的学习能力才能在竞争中保持可持续的优势。

（一）学习型组织的概念和要素

如果给学习型组织简单地下一个定义，那么所谓学习型组织，是指通过培养弥漫于整个组织的学习气氛、充分发挥员工的创造性思维能力而建立起来的一种有机的、高度柔性的、扁平的、符合人性的、能持续发展的组织。这种组织具有持续学习的能力，具有高于个人绩效总和的综合绩效。学习型组织的基本价值在于解决问题，与之相对的传统组织的着眼点是效率。在学习型组织内，雇员参与问题的识别，这意味着要懂得顾客的需要。雇员还要解决问题，这意味着要以一种独特的方式将一切综合起来考虑，以满足顾客的需要。组织因此通过确定新的需要并满足这些需要来提高其价值，它常常是通过新的观念和信息而不是物质的产品来实现价值的提高。学习型组织不存在单一的模型，它是关于组织的概念和雇员作用的一种态度或理念，是用一种新的思维方式对组织进行思考。在学习型组织中，每个人都要参与识别和解决问题，使组织能够进行不断的尝试，改善和提高它的能力。

彼得·圣吉认为，学习型组织理论不在于描述组织如何获得和利用知识，而是告诉人们如何才能塑造一个学习型组织。他说："学习型组织的战略目标是提高学习的速度、能力和才能，通过建立愿景并能够发现、尝试和改进组织的思维模式并因此而改变他们的行为，这才是最成功的学习型组织。"圣吉提出了建立学习型组织的"五项修炼"模型，也被称为学习型组织的要素，具体内容如下。

（1）建立共同愿景（Building Shared Vision）。愿景可以凝聚公司上下的意志力，通过组织共识，大家努力的方向一致，个人也乐于奉献，为组织目标奋斗。

（2）团队学习（Team Learning）。团队智慧应大于个人智慧的平均值，以作出正确的组织决策，通过集体思考和分析，找出个人弱点，强化团队向心力。

（3）改变心智模式（Improve Mental Models）。组织的障碍大多来自个人的旧思维，例如固执己见、本位主义，唯有通过团队学习以及标杆学习，才能改变心智模式，有所创新。

（4）自我超越（Personal Mastery）。个人有意愿投入工作，专精工作技巧的专业，个人与愿景之间有种"创造性的张力"，这正是自我超越的来源。

（5）系统思考（System Thinking）。应通过资讯收集，掌握事件的全貌，以避免见树不见林，培养综观全局的思考能力，看清楚问题的本质，有助于清楚了解因果关系。

（二）学习型组织的特征

学习型组织是从文化角度来定义组织的。学习型组织是以信息和知识为基础的组织，这种组织实行目标管理，成员能够自我学习、自我发展和自我控制。

由于组织中的信息流是自下而上的，因此要想使以信息为基础的系统发挥作用，必须要求每个人和每个部门都为他们的目标、任务和联系沟通承担起责任。每个人都必须自问：我能为组织贡献什么？我必须依靠谁来获取信息、知识和专门技能？反过来，谁又依靠我获取信息、知识以及专门技能？这样的组织能促进成员的自我学习和自我发展。通过对一些国外大公司的观察与研究，人们发现学习型组织主要有以下几个特点。

（1）适应于团队工作而不是个人工作。传统的直线结构以自上而下的指挥取代了人们寻求合作的自然能力，这是不能够适应时代挑战的。目前国内外可行的管理创新几乎都在一定程度上依赖于团队的力量。

（2）适应于项目工作而不是职能性工作。当员工从静态工作转向解决一系列问题时，他们将工作组织成项目，每个项目都需要一个跨部门的小组，这些小组随着项目的进展而一起学习。

（3）适应于创新而不是重复性的任务。在电子技术日益发展的今天，重复性工作将越来越多地由计算机处理，人的工作是创新和关心他人，这是计算机所不能做到的。

（4）有利于员工的相互影响、沟通和知识共享。学习型组织都着力于形成一个宽松的、适于员工学习和交流的气氛，以利于员工之间的沟通和知识共享。

（5）利于企业的知识更新和深化。学习型组织一般都建立一定的学习制度，定期组织教育和培训，鼓励员工学习，不断更新和深化自己的知识。

（6）有利于企业集中资源完成知识的商品化。学习型组织有利于将一些在知识和经验上互补的员工集中起来，共同进行研究开发，加快知识的商品化过程。

（7）有利于企业增强对环境的适应能力。由于不断地吸收新信息和新知识，学习型企业能够站在时代的前端，把握住企业所处的大环境，随时调整自己的发展方向和市场适应能力。

在学习型组织中，领导者是设计师、仆人和教师。领导者的设计工作是一个对组织要素进行整合的过程，不只是设计组织的结构和组织政策、策略，更重要的是设计组织发展的基本理念；领导者的仆人角色表现在他对实现愿景的使命感，他自觉地接受愿景的召唤；领导者作为教师的首要任务是界定真实情况，协助人们对真实情况进行正确、深刻的把握，提高他们对组织系统的了解能力，促进每个人的学习。

学习型组织的意义在于：一方面，学习是为了保证企业的生存，使企业组织具备不断改进的能力，提高企业组织的竞争力；另一方面，学习更是为了实现个人与工作的真正融合，使人们在工作中活出生命的意义。

二、高校具备学习型组织的特征

关于高校与学习型组织的关系，不少研究者已有一些论述。如，福雷斯特（Forest）认为大学和学院与学习型组织一样都有解决问题的动力，他和芬奇（Fincher）都认为大学也可以运用学习型组织理论，以改善管理，获得更好的发展。此外，杜克（Duke）、坦姆（Tam）、帕特森（Patterson）等，也从高校人员组成、使命、内部环境等自身特点与学习型组织特征的角度，研究了高校转变为学习型组织的条件、策略等。林仙易认为，这些研究结论可以归纳为三点：第一，运用学习型组织理论有助于提高大学运行的效率；第二，大学越来越重视运用学习型组织的理念；第三，不同的大学环境和教师差异会影响学习型组织的形成。林仙易运用学习型组织理论对高校和教师发展进行研究。在其博士论文《学习型组织与高等教育中的教师发展》（*A Study of Learning Organization and Faculty Development in Higher Education*）中，林仙易认为，运用学习型组织理论将对于大学的改善（University Improvement）和使学生成为更积极、更善于思考的学习者都是十分有益的，而在这个过程中教师是一个关键性的因素。由于高校与企业之间存在着差异，学生也与企业的客户不同，高校在运用学习型组织理论时应当格外关注教师的参与。教师站在学科知识的最前沿，他们运用并不断创新有效的教学策略，对学生来说，他们是高效的咨询者和指导者。他们独立地管理和组织时间、精力、课程和教学。高校教师具备学习型组织成员的一些基本特点。而高校教师发展是一个促进教师持续学习、积极运用知识来探索和解决问题的过程，通过提高教师各方面能力、平衡家庭与工作等，使其具备学习型组织成员的特征。推动高校教师发展实际上可以理解为学校建设成为学习型组织的过程，可以运用学习型组织理论来推动这一实践工作。

（一）学习型组织与高校目标相同：推动组织和个人的发展

学习型组织理论中企业管理的目标是实现企业最大化的发展，而在实现这一目标的过程中就需要全体员工将组织的目标具体内化为自身工作中的目标，形成所谓的共同愿景。共同愿景的形成需要达成一个条件，即员工的自身发展与企业的组织发展密切相关。学习型组织的要素之一就是建立愿景，愿景可以凝聚公司上下的意志力，通过组织共识，大家努力的方向一致，个人也乐于奉献，为组织目标奋斗。愿景必须得到广泛的理解并被深深铭刻在组织之中。这个愿景体现了组织与其雇员所希望的长期结果，雇员可以自己自由地识别和解决眼前的问题，这一问题的解决将会帮助实现组织的愿景。但是，如果没有提出协调一致的共同愿景，雇员就不会为提高组织整体效益而行动。

高校组织的发展目标是完成自身人才培养、科学研究和社会服务等任务，进而能在高等教育机构的生态中获得更好的声誉和发展。高校组织的这一目标与高校中的每一位教师都密切相关，高校发展的具体目标可以成为教师个体的实实在在的目标。高校教师在实现自身目标——解决知识发现、传播和运用中的相关问题的过程中又可以帮助高校组织实现愿景。教师完成教学、科研和社会服务等工作，实现个人发展的过程与高校组织的发展目标具有内在的一致性。当然，教师的行动必须是将组织愿景与个体愿景进行内在融合与协调，否则教师将不能成为组织中有助于愿景实现的有效的一员。从教师作为教学者、研究者的身份来看他们与高校关系密切，其个体的发展与高校发展总是密切相关的。因此，从这一角度来看，高校组织中学校发展目标与教师目标的关系与学习型组织中个人目标是组织目标的具体化的要求是一致的。

（二）高校和教师：具备学习型组织的特征

学习型组织的基本特征之一就是善于不断学习。学习型组织中的个体要能进行"终身学习"和"全过程学习"，要求组织成员具备在各种条件下进行学习的能力，随时随地进行学习，实际上是要求成员具备主动学习、不断探索、学以致用和不断提高自身能力的习惯，在工作过程中，学习成为其成员工作的需要。

1. 高校教师具备学习能力是个体工作需要的特点

高校教师的实际工作中需要的是不断的、主动的高级学习。从高校教师个体的特征来看，高校教师相对中小学教师一个明显的特点就是其从事的是更为复杂的高级知识的活动。高校教师的科研工作是对前沿、不确定的知识的探索，是解决人类问题的探索，是一种高级学习。相对于中小学教学中主要传授已有定论的基础知识，高校教师的教学工作则是向学生传授高级知识，这些知识很多还处于探索之中，教学过程不仅是学生的学习过程，同时也是教师的学习、探索过程。对高校教师而言，研究（包括对教学的研究）是其职业的基本特征之一，研究本身就是他们的一种高级学习。高校教师要做好自己的工作需要将学习视为自身迫切的愿望，将学习视为发展的内在需求。理论上，高校教师的学习和研究不需要外在的提醒，是一种主动的学习。

2.高校教师具备典型的"自主管理"特征

学习型组织理论认为，"自主管理"是使组织成员能边工作边学习并使工作和学习紧密结合的方法，也是学习型组织的重要特征。高校教师从事的工作具有相当大的独立性，学术自由是高校教师工作的特点。高校教师在课堂中具有教学自由，从事科学研究也需要能独立自主地选择研究方向、课题，自主开展研究活动，在工作各方面都享有较大的自主权，能进行自主管理。高校教师在从事各种学术活动中都会对自己的活动进行独立自主的评价，并以此进行学术活动的调整。

突出的学习化特征和自主管理的教师特点也使得高校在教学和科研上保持学习能力，确保能较好地解决发展道路上的障碍，保持作为组织持续发展的能力。

三、学习型组织理论对高校教师发展实践的启示

从以上分析我们可以看出，高校在组织和个人特征以及目标等方面具备成为学习型组织的潜质，与学习型组织具有很大的相似性，学习型组织理论可以作为高校教师发展的实践指导理论，可以为我们提供以下几个方面的理论指导。

（一）从学校发展的层面理解教师发展的作用

学习型组织是全体成员全身心投入并有能力承担学习的组织。学习型组织理论认为，过去讲的企业竞争，认为其说到底是人才竞争，这种观点不完全对，按学习型理论，企业竞争说到底是学习力的竞争。人才的学习能力、创造能力对企业在竞争中获得优势具有至关重要的作用。

对于高校而言，学校的发展与教师的发展休戚与共。脱离教师个体的发展来谈论学校在高等教育生态中的地位跃升、声誉扩大是不切实际的。学校发展所需要的在科研、教学、服务等诸方面目标的达成和能力增强都需要大批具备相应能力的教师。而就和企业组织中仅有一批高水平人才难以应对环境和市场的变化一样，高校仅仅具有一支高水平的教师队伍显然是不够的，要实现高校的组织目标还需要这些教师具有更强的学习能力，即高校中的组织个体——教师要能够实现发展，要能通过学习推动自身能力的增强，获得更强的创造力，完成更高水平的

知识生产、传播工作，从而在同类型的高校中取得更强的竞争优势，使后一阶段的水平超过前一阶段，这样一来，高校才能真正实现成长发展，实现组织的自我超越。

一支高水平的教师队伍是学校发展的静态要素，而以此为基础推动教师和学校组织协同发展才是动态的过程和实现目标的途径。高校中很多教师凭借学历、资历被引进高校，经过若干年后他们评上职称，按部就班地完成各项工作任务，一些教师开始满足于自己的知识积累和工作现状，满足于过去取得的一些成绩，缺乏学习的动力，不再愿意从事发明、发现、创新等高级学习活动。这些教师并非缺少职称和学历，他们的发展出现停滞，关键是缺乏进行高级学习的动力和意愿。这样的组织成员对于高校而言只能维持其生存状态，无力推动学校发展，甚至成为学校发展的制约因素。

对于高校组织而言，要意识到通过人才培养、引进形成一支高水平教师队伍只是一项基础工作。通过学习型组织理论的指导，提高对教师的发展与学校发展之间密切关系的真正认识，通过各种途径和形式去推动教师不断学习，增强教师的学习能力，提升教师学习意愿，才真正把握了师资队伍建设这一命题的内涵。

（二）关注教师多方面需求，推动教师自我实现

人的需求是多层次的，最低的是温饱，然后是安全感、归属感，更高的需求是实现自身价值。学习型组织是让成员体会到工作中生命意义的组织。企业解决了他们的温饱、安全及归属的需求，员工才能有更高的追求。管理者要尊重员工，公平对待员工，否则，员工就不会认真工作。企业要成功，让员工只贡献"手"是不够的，还要让他们贡献"脑"；要让员工真正认同组织，认同组织的价值和自身工作的价值。

与一般企业不同，高校组织主要是依靠教师从事脑力劳动来实现组织生存与发展的。教师的科研成果、人才培养中取得的成绩等都可为教师带来极大的精神满足，这是教师自身独特价值的具体体现。需要层次理论告诉我们，高层次强大的自我实现需求可以让人超越某些低层次的需求，我们可以看到一些优秀教师在物质生活相对贫乏的情况下依旧专心科研教学，并取得瞩目的成就。但普遍而言，"安居"才能"乐业"，帮助教师解决基本的生活方面的问题是推动教师更好地关注工作、潜心学术和不断学习发展的基础，这也是教师认同学校目标和自身价值的基础。学习型组织理论倡导"员工家庭与事业的平衡"等，这是高校教

师发展中特别需要注意的。高校要关注教师的个人发展，使他们能对生活有较高的满意度，推动教师实现工作和家庭之间的平衡，从而有条件专心工作，取得更好的成就。教师基本需求满足之后更能认同学校作为组织的发展目标和自身工作的价值。

在现代社会，高校中的教师工作同样压力倍增，学校要关注教师多方面的需求和压力，帮助教师解决生活工作中的相关问题，使教师更好地关注学术和自身的提高。学校要关心教师的身体健康和心理健康，要关注其子女的入学和配偶的工作，关心其住房和交通等方面的问题，让教师在生理、安全、归属、尊重等需求得到满足的条件下，不断引导教师实现高级需求，推动教师通过学术工作实现自我价值。

（三）创造学习氛围，推动组织发展

学习型组织是通过学习创造自我、扩大未来能量的组织，学习不是为了学习而学习。因此，一个组织整天学习而不创造就不是一个学习型组织，而只是一个形而上学的组织。学习型组织的学习强调把学习转化为创造力。组织仅仅学习许多知识，但未付诸实践，这些知识也就成了无用的了，并不是真正的学习型组织。所谓学习型组织，是指通过培养弥漫于整个组织的学习气氛、充分发挥员工的创造性思维能力而建立起来的一种有机的、高度柔性的、扁平的、符合人性的、能持续发展的组织。这种组织具有持续学习的能力，具有高于个人绩效总和的综合绩效。

对于高校而言，要实现教师的发展和学校的发展，仅仅推动教师不断学习是不够的。教师通过学习获得的新技能必须能够给工作带来新变化和进步，即通过学习，教师要能实现更高质量的教学、科研和服务工作。比如，教师参加教育技术知识的学习和能力培训，具备了进行教学改革创新的能力，但学习最终的价值体现在教学工作发生变化、人才培养的质量和水平得以提高上。当然，这其中可能就还需要学校创造条件和教师主观上愿意将所具备的能力运用到教学之中。要达到这样的目标，其中的关键环节就是推动组织发展，形成鼓励教师进行创新和发展的组织制度和氛围，比如对教师改善教学的行动给予奖励，出台鼓励性措施推动教师进行教学改革，对取得成就的教师进行表扬和奖励，为需要帮助的教师提供支持条件。一方面需要为教师改善工作提供客观条件方面的保障；另一方面则需要高校采取措施促进教师产生着手改善教学、积极创新工作的意愿。

随着学习型组织理论在企业管理界风靡和《第五项修炼》的热卖，20世纪90年代美国掀起了创建学习型组织的浪潮，彼得·圣吉也因此被称为"学习型组织之父"。由于这个理论过于理想化，甚至与现实情况相矛盾（譬如大多数企业的组织架构无法达到学习型组织所要求的层次扁平和结构开放），实际操作起来并不理想，火热的学习浪潮逐渐退去，剩下的是理性思考和研究。如何让学习型组织理论与企业实际相结合，从而真正发挥出创新的作用是学习型组织的意义所在，也是管理工作者与学者们所关注的问题。在此背景下，出现了新一代学习型组织理论。

新一代学习型组织理论认为，学习型组织是一个通过持续的学习进行持续的改良和创新的组织，学习型组织的核心是建立有效的学习和创新机制，而不是个人和团队的修炼。一旦建立有效的机制，组织的学习和创新能力就会不断增强，就会逐渐发展成为学习型组织；而个人和团队的修炼带有浓厚的主观色彩，并不能在客观上确保经过努力后企业就能成为学习型组织。新一代学习型组织在原有组织架构的基础上建立了一个名叫"学习网"的影子组织，由多个不同主题的学习与创新小组所组成。企业原有的管理架构（层级管理型）从事原有的职能工作，而学习网（柔性扁平型）则从事创新工作。因此，学习型组织同时具有柔性扁平型和层级管理型两种矛盾的特征。由于保留了层级管理型这个特征，使学习型组织与企业管理的现实相符合，从而使学习型组织可以真正发挥作用。

新一代学习型组织理论强调的是学习不会自动发生，要成为学习型组织，更为关键的是要具备或者形成学习的内在机制（创新也可以被认为是一种高级形式的学习）。从这个意义上讲，学习型组织理论指导下的高校教师发展实践要真正得以推进，更为重要的是要在学校层面建立一种促进教师不断学习的机制。这种机制的形成可能要求发挥学校行政权力的作用，即通过行政的方式要求教师不断增长其知识发现和传播的能力。

当然，毋庸置疑，高校在本质上与企业有着重要的差别，是一种非常特殊的组织。高校组织的特殊性包括了目标的模糊性，服务对象是学生而不是物资；高校采取的技术是不清晰的非常规技术；组织成员以专业人员为主，环境对组织的冲击较强，高校是有组织的无政府状态。在学习型组织这种企业组织管理理论指导下实施高校教师发展工作时，需要特别关注高校教师与企业员工的差异、高校与企业的差别，有选择地借鉴这一理论中的适用于高校特殊环境的部分。

第三节　知识社会学理论

知识社会学是研究知识或思想产生、发展与社会文化之间联系的一门社会学分学科。1924年，德国社会学家马克斯·舍勒在《知识社会学的尝试》一书中首先使用"知识社会学"的名称。这里的"知识"一词包括思想、意识形态、法学观念、伦理观念、哲学、艺术、科学和技术等观念。知识社会学主要是研究思想、意识形态与社会群体、文化制度、历史情境、时代精神、民族文化心理等社会文化之间的联系，或者说是研究这些社会文化因素如何影响思想和意识形态的产生和发展。

知识社会学思想可以追溯到欧洲启蒙运动时期，思想家维柯、孔德、马克思、迪尔凯姆、韦伯等奠定了知识社会学的基础；进而马克斯·舍勒以哲人胆识创建了"知识社会学"领域，接着曼海姆系统地阐述了知识社会学理论；其后，默顿总结了知识社会学的研究范式，伯格和拉克曼提出了知识的社会建构论。知识社会学在被越来越多的学者接受的同时，也由于各自研究视域和介入研究背景的不同而分成不同的流派，如涂尔干学派对知识产生过程中历史因素的强调，进而着力于概念史、观念史变迁的研究，托马斯·库恩和罗伯特·金·默顿等对学术共同体中内在秩序和固有体制的分析，以及布尔迪厄、福柯等人对知识生产中权力因素对于学术资源配置的制约的关注。这些思想均在不同层面展示了知识生产的"社会化"场景。

尽管他们的关注点各有不同，具体观点也不尽一致，但都强调社会发展对知识生产的决定意义，而不认为有纯粹的知识（尤其是在人文社会科学领域），这也是知识社会学的基本思路和理论预设。他们从各自的研究立场对知识或思想与社会之间关系的具体表现形式进行了逐步深入的探讨，不断地揭示和阐明知识与社会之间的丰富而复杂的关系，在不同层面展示了知识生产的"社会化"场景。

自20世纪80年代起，社会建构论逐渐成为知识理论的主流方法论。知识的社会建构论认为，知识即使是纯科学知识，也都不是纯粹理性的产物，而是社会建构的产物；科学知识如同其他知识一样，都负载利益、实践、文化和情境。知识社会学以社会历史背景与社会群体为基本观察维度，探讨知识或思想与社会存在之间的关系，使之具备一定的"精确论述"能力。如此，借助于知识社会学的解释框架，我们就可以对高校中的知识生产进行阐释，并以此来分析教师在这个过程中的发展。知识社会学关注知识与社会文化等各方面之间的关系，在这里我们借助知识社会学的理论分析高校教师作为知识生产者、传播者与知识之间的关系，特别关注与知识相关的工作如何影响和促进教师发展的问题。

一、知识社会学视角下高校教师发展与知识权力增长

知识社会学的基本思路和理论预设认为，社会发展对知识生产有决定意义，例如，权力因素对于学术资源配置的制约、知识产生过程中受历史因素的制约、学术共同体中存在内在秩序和固有体制，展现的是知识生产的"社会化"场景。专门以知识（创造知识、传递知识）为职业的教师需要劝服别人接受他们的知识（学生、同行和社会），在别人接受其知识的过程中，教师就获得了权力。高校教师发展是教师能力的增长，也是教师权力的增长过程。从知识社会学的角度分析高校教师发展并不是像福柯那样分析教师如何被知识所教化、知识如何控制和规训学生，而是主要关注教师如何更好地创造知识和传播知识以提高教师的影响力，从而推动教师发展。

正如伯顿·克拉克所言，学者的专门知识是一种独特的和至关重要的权力，它赋予组织中的某些人以独特方式控制他人的能力。在高校内部，一般意义上讲，"知识权力"是流行的现实。意即最充分拥有知识的人有最充分的发言权，反之则没有发言权，任何领域中的决定权应该掌握在有知识的人手中。

获取知识权力的认可是成为高校教师的前提。在现实条件下，在成为高校教师之前，学子们要通过较长时间的学习来获得一定的学位。他们从远离知识权力的地方走入知识权力的中心——各级学校，通过接受知识权力无情的考验（如高考等），然后在高校中接受严格"规训"，再以优秀的表现来获得知识权力的认可（如获得各种学位），这是进入高校成为知识权威的门槛。接受知识权力的规训、认可知识权力的影响是其今后行使知识权力的基本条件。也就是说，在成为高校教师之前，就需要了解知识对于个人发展的作用。

获得高校教师身份之后，知识权力对教师发展发挥着至关重要的影响。知

识社会学者弗·兹纳涅茨基对知识人的分析有助于我们的理解。他将"社会圈子""自我""地位"和"功能"四个概念作为一个系统，这一系统构成社会角色分类的范式，对知识人进行系统的比较分析，并对知识人进行角色分类。

弗·兹纳涅茨基根据知识参与的方式将世俗学者划分为六类：真理的发现者——创立"思想学派"；组织者——从发现者的原理出发，以演绎的方法检验某些领域中现存的知识，并且将其组织到一个连贯的系统中；贡献者——作出新的发现，说明经验与大师建立的系统相一致，整合证据；真理的战士——在论战中使学者们相信，他的学派拥有获得理性证据证实的真理主张，保证论战的胜利；知识散播者以及普及推广者——激发人们对知识的兴趣，使得学问获得更加广泛的支持。

高校教师的社会圈子，就是参与高校教学、科研与服务的一群人，作为一个专门群体，其内部具有很强的凝聚力，有大家必须共同遵守的规范。每位高校教师都是自己群体中的一分子，在群体中占有一个"位置"。对于占有某个位置的人，人们对他都有一定的期望，也包括他本人的自我期望。在弗·兹纳涅茨基的分析中，高校教师在"圈子"中处于不同位置就决定其承担着不同的角色，同时也被赋予了不同的权力。六类学者其实就是六种不同的角色，也意味着有不同的权利。高校教师除了享有作为一般公民所享有的一般社会权利之外，高校教师还作为专职教育者享有如教育自由权等特殊社会权利；地位包括政治待遇、经济收入、生态地位及其他物质与精神上应获得的地位，他们应该受到社会的尊重与承认。

高校教师在享受权利和获取地位的同时，必须发挥自己在教书育人、科学研究、社会服务和参与高等教育竞争等方面的功能。而在弗·兹纳涅茨基角色分类框架中，高校教师不能够被简单地划为"知识散播者"中的"普及推广者"这一亚类型中。对社会角色的分类不是对人进行的分类，每一个知识人都可能兼任几个角色。依据知识社会学的理论，通过以上对高校教师社会圈子、自我、地位和功能的分析，现代社会的高校教师属于知识人，应该既可能是"世俗学者""知识散播者""知识的组织者""知识的贡献者"；也可能是"知识的创造者"或者"技术顾问"，也可以是它们这几种角色的有机结合体。

高校教师权力增长以及伴随而来的发展来自其操作知识的水平与方式。在现代大学中，由于对知识发现或者说对知识创新的日益重视，现代大学中教师的每一次擢升都必须作出新的贡献。学者取得最高成就莫过于作出一些重大的知识发现。发现新知识是成功扮演知识人角色的最好方式之一。因此，越来越多的人认为，高校教师作为世俗学者的角色，能够成为"真理的发现者"和"贡献者"，能够获得知识人"圈子"中最大的影响力，实现个人的发展。学术职业存在着职位等级的差异，知识的发现和奖励认可是形成等级的基本条件。在知识领域工作中，包括高校教师在内的研究者通过估量彼此的工作水平和能力将每一个学术人员置身于无形而又现实存在的分层之中。美国大学教授、诺贝尔物理学奖获得者卢易斯·阿尔瓦雷斯说："物理学上没有民主。我们不能说某些二流人物对（某种）意见与恩利克·费米（Enrico Fermi，著名物理学家）有同样的发言权。"这种不同的分层意味着包括高校教师在内的学者有着不同的权力，更意味着其发展水平的差异。

当然，作为知识的传播者的教师在教学中也可以建立起权力体系。高校教学中包含的书写、考试与评分同样可以实现权力与知识之间的联系，学科规训既生产知识及传授最佳的知识，同时又建立一个权力结构。霍金斯发现，书写、考试和评分成为过去二百年来知识与权力的关键的连接方式，他指出，学科规训负载着教育上难解的谜团，既要生产传授最佳知识，又要建立一个权利结构，以期可以控制学习者及令这种知识有效地被内化。高校教师在这一控制学习者以保证知识有效内化的过程中实现自身的地位和角色。而无论主要扮演何种角色，高校教师都应该具备专业领域内的高深知识。

高校教师从事学科规训的工作，其生产和传授知识这一过程实际上就是建立自己权力的过程。从教师发展的视角来看，高校教师获得的这种权力越大，那么其发展的状态就越好。高校教师发展的过程是其权力增长的过程。高校教师知识权力增长通过发现新知识和传播知识等手段实现，而其外在的体现就是在发现新知识和传播知识中影响力越大则地位越高，特别是其发现的知识越受人瞩目，则越容易获得地位和权力，如职称和学术荣誉系统对高校教师的分类标示着教师不同的权力地位、不同的发展状态，也暗示着教师在知识工作中所作出贡献的大小。

二、知识社会学视野下如何促进高校教师发展

由以上分析我们发现，高校教师的发展状态与其知识权力息息相关，增长其知识权力就是推动教师发展。高校教师知识权力来源于两个方面，一是通过发现知识获得权力；二是通过传播知识获得权力。因此，推动高校教师发展的实质也

就是增强教师获得这两类权力的能力。

（一）提高高校教师发现知识的能力，增长其在创造知识中的权力

作为知识分子，高校教师要能够在学科领域内获得同行的认可、在知识发现过程中掌握更有效的方法和技术，接受本领域最高学历的教育是重要的途径，当然，这也关系到其在知识传播过程中的权威地位，关系到能否充分发挥其知识传播的影响力。高校教师要能够在知识领域有所发现并展示自我，首先要获得已有知识权力的认可，特别是最具权威的知识权力的认可，而取得博士学位是获得这种认可的基本条件。因此，对于这部分学历较低的教师而言，要实现个人发展和知识权力增长，提高学历是其首要任务。

在当前庞杂的知识领域，不同的知识权威能提供文凭以及附带而来的机会、地位等差别很大（学科专业之间有差异，不同学校之间、师门之间差异巨大），高校教师获得的这些资本对其未来的知识权力和发展而言也是至关重要的，在某种程度上这些差异决定了其学术规训之后的发展状态。这是由于高校教师的学术职业发展存在着所谓的"马太效应"，包括学术积累优势、名校聚集优势、名师聚集优势，"有机会向著名研究者学习重要东西的年轻科学家，在开始他们自己的事业时就早已有一个优势。他们不断从这种经历中得到教益，不仅仅因为它改进了他们的研究技能，而且也因为它使那些在工作、研究奖学金、研究费用和奖励方面有决定权的那些人知道了他们的知名度。这些年轻人可以说已经真正腾飞了……"因此，高校鼓励教师获取更高学历、学位，是推动教师发展的基础，与此同时，高校还要引导教师在获得知识规训过程中选取能够为自身发展带来更多资本的机会，即要选择其学科领域中的名校、名师，跟随他们将获得对未来更有利的知识权力机会，更有可能成为知识精英，为他们的发展创造更好的条件。

（二）推动教师将发现的知识公之于众，获得承认与奖励

爱德华·希尔斯认为，高校教师对于知识的责任是通过进行研究和"公开"发表才得以完成的，隐藏成果的做法则违背了教师的职责。发现新知识并不一定意味着教师会受到同行的认可，当然也就不一定能实现知识权力。如果没有发表作品，相关研究人员就不能继续得到资助并且会丧失信用。发表作品的动机就是促进知识增长，使个人成果受到重视，促进个人事业的发展。要使知识权力获得认可、达到在知识领域中的自由需要一个重要的环节，那就是发表。

对于竞争激烈的学术生态圈而言，不发表就会出局。发表可以让高校教师

的专业同行了解自身知识的发现及进展，在推动学术进步的同时扩大了自身在学术同行中的影响力。从学术界的新手到学术权威，完成这个转变大都离不开发表这个中间环节。学术期刊和出版社共同构成知识发表的平台。不同的出版机构所具备的渠道影响力不同。因此，同样发现的知识通过不同的出版机构发表可能出现完全不同的影响力，由此也形成了差异显著的学术权力平台等级。高校教师通过发表创造的知识，让自己更好地被同行认可，那么选择发表的平台也就极为重要。推动高校教师发展需要注意鼓励教师在更好、声望更高的学术平台上发表自己的创见。这一方面需要提高教师知识发现的质量，即提高新知识本身的创新性；另一方面也需要教师接受这些发表平台的规训要求，使得知识发表的形式符合这些更高等级平台的要求

（三）提高高校教师知识传递的影响力

发现新知识最能获得地位和权力，也最能直接促进教师发展。然而并非每一个大学教师都具备这种操作知识的能力和条件。实现知识的散播、应用或综合，成为知识"散播者"同样可以在知识人"圈子"中获得影响。正如博耶根据卡内基教学促进会的调研结果指出的，评价任何形式的学术工作都有的六个共同标准之一就是高深知识：某项学术活动要能称得上成功，必须能全面反映该领域的知识，高校教师一定要有浓厚的专业知识。其可以通过博耶所阐述的"创造性契约"来实现，就是指教师可以决定在未来一定年限内自己的学术工作重点。比如五年内主要从事研究，次要从事教学；接下来的几年中，转变学术工作的重点，转向应用、服务。通过"创造性契约"，教师可以根据兴趣选择工作重心，也可以促进教师尝试不同类型的学术工作，实现不同的知识角色。

博耶的方法是一种很好的理念，然而，在当前高等教育的格局下，研究（发现知识）获得的权力并由此推动教师发展的机会和动力要远远大于教学（传播知识）。高校教师在发现知识上的兴趣要远大于传播知识，这一方面是由于发现知识成为高校的职能之后对传播知识职能的影响；另一方面是当前高校知识制度使然。发现知识更能带来各种物质和精神回报，帮助教师解决发展过程中的职称、荣誉等学术认可的问题，具备更高的发展价值。但是，需要注意的是，对知识的承认并不意味着大学教师一定要发表大量的科学或学术论文以及众多著作，高校之所以成为学校并需要教师，源于传播知识的需要。因此，要推动教师有兴趣扩展在知识传播中的权力，就需要高校对已有的知识制度进行改革。要扩大知识传

播对教师知识权力和学术发展的影响力，即将优秀的教学（知识传播）工作认可为一种也能带来学术荣誉的知识权力，高校就应该加大对教师教学的奖励，在职称评定等方面承认教师的优秀工作。

需要看到的是，通过研究发现知识相对于教学中传授知识而言，其本身更具创新性，可能给教师所在的学科领域和学术圈带来影响，因而相对于教师个人而言也有更大的权力。教学过程中传播的大多是已有的定论性知识，相对而言更为保守，教师更多的是代表学科整体的权力，其影响的对象也多是等待接受规训的入门者（大学生），知识权力影响的范围有限，对象在学术圈中的层次不高。而在高校教师教学过程中还有另外一种关于教学的知识，高校重视教学在本质上是重视和提升关于教学知识的权力。高校教师在教学过程中发现和使用教学的知识，推动知识传播的影响深度和广度更大，也可以使得受教育者更愿意和乐于接受知识的规训。我们也可以发现，一些掌握新的、有效的教学知识的教师，在学校中获得学生的拥戴，同时也促进了对学生的规训，因而提高了教师在学校范围内的地位和影响力。高校在知识的制度安排中，突出和重视教师教学知识权力将是促进教师发展的重要途径。

（四）推动发现知识和传播知识两种权力的融合

高校教师两项与知识相关的工作彼此间存在着一定的冲突，发现知识更能为自身发展提供条件，高校教师更愿意将时间花在知识发现的工作上。如果高校能在制度设计上提高对教师在传播知识上的认可和奖励，教师关于教学的知识在校内的学术权力上同样得到尊重和认可，为教师提供相同的发展条件，一部分教师将会更愿意投身于知识传播的工作。如果教师对教学投入更多时间和精力，那么在传播知识过程中也可能通过与学生的交流发现新知识，实现教学相长。同时学校可以设计相关制度，推动教师将发现的知识及时向学生传播，鼓励教师将前沿成果带入课堂，从而使得学术规训更有前沿性，带给学生的知识更为先进。通过以上两种方式实现两种知识权力的有机结合，更好地推动教师发展。

（五）增强教师对知识本身的追求，鼓励教师创造和发掘更有影响潜力的知识

从高校教师发展的角度来看，其中很多学术精英之所以能够取得瞩目成就、成为学术权威，其初始动力并非直接为了获得知识权力，而是基于对知识本身的兴趣和爱好。比如德国的编外讲师，他们中的很多人沉潜学问，甘愿忍受较为清

贫的生活，承受通往讲座教授中的各种考验和不确定性，他们的志向不在于职业声望和稳定，而在于学术自身，把所从事的学术工作看作建立在使命感和内心召唤之上的神圣职业。而中国科学院院士杨福家在分析获得诺贝尔物理学奖的三位美国物理学家与世界一流大学时说："……他们在充满好奇与激情、充分发挥民主的欢乐集体中，沉醉于科学前沿的难题林海中，日夜奋斗！在三位获奖者背后是上千位同龄人在拼搏，他们只是代表人物而已，是幸运者。"只有强烈的学术精英的自我期望和对知识本身的追求才能促进高校教师在发现知识、传播知识过程中克服各种艰难险阻，在知识探索中的各种不确定性中坚定自我知识追求者的定位，登上知识权力的顶峰，获得知识权力和自由的体验，实现作为知识人的发展。

此外，高校教师的发展实际上也是成人获得新技能、新知识等的过程，是教师作为成人学习或接受再次教育的过程，因此，成人学习理论和成人教育理论也可以成为其理论基础。高校教师的发展也是其作为人的发展，高校教师在个体的成长发展过程中必然遵循和体现着人的发展的一般规律，发展心理学或人的发展理论也可以指导高校教师发展。此外，如前文所述，高校教师发展涵盖了教师专业发展、教学发展、个人发展、组织发展等诸多内容，因此，职业发展、职业规划理论、组织行为学理论等相关理论都可以为高校教师发展提供理论的新视野。包括有学者提出的关于知识取向的哲学认识论、认知心理学和学习科学理论等，都可以作为我们的实践指导，拓宽我们对高校教师发展工作的认识。

第二章
高校教师的教学能力及其培养

第一节　高校教师的教学设计能力

一、教学设计的依据

教学设计并不是一项简单的工作，它需要综合考虑各方面的因素，具有一定的复杂性。要想使教学设计能够促进教学实践的顺利开展，使教学取得更好的效果，需要有一定的依据为设计提供参考。这些依据主要涉及以下几个方面。

（一）教学设计要依据现代教学的理论

在一定的教学实践基础上，总结、概括出的教学理论，体现了一定的教学规律。根据教学理论来设计教学方案，能使教学方案更具有科学性和合理性。即使有经验的教师，如果不注重教学理论知识的积累，将教学局限于经验化的处理而不用科学的理论进行指导，最终会使教学效果出现不理想的后果。因此，教师在进行教学方案设计时，要自觉地运用现代教学理论来指导教学设计，减少随意性和完全的经验主义。

（二）教学设计要体现系统科学的方式

教学设计要想获得成功，就必须综合考虑各方面的影响因素。而教学活动中的各种要素相互联系、相互影响，又会促进教学的各个因素结合起来发挥综合效力。因此，为使教学活动能够达到理想状态，在进行教学设计时，需要依据系统科学的原理和方法，分析教学系统中各要素的地位和作用，使各个因素有机地结合起来并得到最佳的组合，各种教学资源得到优化配置，从而达到理想的教学效果。

（三）教学设计要结合学生的特点

教学是涉及师生双方的活动，它需要师生双方共同努力、相互合作来完成。学生是教的出发点和归宿，教学的任务和目的都是围绕着学生的发展而展开的，教师的教必须通过学生积极主动的学才能起到有效的作用，教学设计最终也应该是促进学生的发展。因此，教师进行教学设计时，要考虑学生的身心发展特点和规律、情感价值基础、学习需求、兴趣等，使教学设计具有针对性，减少盲目性。

（四）教学设计要参考教学实践的实际需要

教师利用教学设计方案，可以为自身的教学行为提供最优选择，并满足教学的实际需要，这是设计最基本的依据，也是设计的根本意义所在。因此，在进行教学设计时，应该充分考虑教学实践的实际需要，使教学具备实际的价值意义。

教学设计在付诸实践的过程中，要集中体现教学的目标和任务。在对教学目标和任务进行分析后，明确教学设计的大致框架，使教学目标和教学任务具体落实到教学实践中，得以真正实现；在此基础上，综合考虑其他教学要素，以使教学设计方案在立足教学实际需要的基础上，充分发挥自身应有的作用和功能。

（五）教学设计要考虑教师自身的经验与风格

教学设计的应用主体为教师，只有得到教师的内化和吸收，才能将教学设计方案这一理论形式付诸教学实践中。同时，从一定意义上说，教学设计的过程也是教师个体创造劳动的过程。成功的教学设计方案凝聚着教师个人的教学经验和智慧，融合了教师的思想倾向和价值观念，并展现了教师的教学个性和风格。

教师的差异能导致教学课堂的多样性，教师丰富的经验、智慧和风格，是促进课堂丰富多彩、生动活泼的基本条件，是形成教学个性和教学艺术性的重要基础，是创造轻松愉悦、民主平等的教学氛围的必然要求，是培养具有创造精神和实践能力的学生的重要条件。

教学经验具有一定的主体依赖性，是教师在长期的教学实践中总结出来的带有规律性的东西。短时期内的学习或模仿，很难将这些经验内化为自身的东西，并且这些经验在教学实践中往往可以弥补理论的某些不足或可以正确、冷静地处理教学中遇到的突发问题。

教学风格彰显着教师自身独特的教学魅力，展示着教师个性化的教学思想和教学技能技巧。因此，在设计教学时，也要结合教师的教学经验和风格，使设计的教学方案灵活多变，适应教师的具体教学，推动教学活动的顺利开展。

二、教学设计的基本模式

国际上正规的教学设计研究至少已有50年的历史，教学设计的模式不计其数，仅可查阅的文献就有一百余种之多。从教学设计的基本模式来看，经常被提及的有目标（系统方法）模式、系统分析模式等。

（一）目标（系统方法）模式

目标模式的建立者是来自美国的教学设计专家迪克（Dick）和凯里（Carey）。目标模式的设计程序强调分析、设计的系统性，这基本上与系统分析模式的设计程序是一致的。不同的是，目标模式的理论基础与系统分析模式的理论基础有所区别（工程学的有关理论），它不从输入—产出的角度看待教学系统，而强调教学活动的系统设计要以教学目标为基点，以教学目标为基本目的。

目标模式的基本特点是强调教学目标的基点作用，设计过程系统性强，具体的设计步骤环环相扣，便于教师实际操作。这一模式的基本程序概括起来有以下几个方面的内容。

第一，确定教学目标。以总目标为依据，对教学的行为目标进行分析、确定，行为目标应明确规定学生学习活动的预期结果、课堂教学中的重点难点及其他特殊要求等方面的内容。

第二，分析具体教学的目标。确定教学目标后，需要对每堂课的教学目标做进一步分析，确定学生应掌握的各种知识、技能和技巧，并确定掌握某种技能技巧的过程或步骤。

第三，分析学生目前的知识基础状况。准确把握学生的现实发展水平，是教师取得教学成功的前提条件。其主要是指教师在教学设计前，对学生已有的知识和能力水平、学习的准备状态和一般的身心发展特点都要认真分析和准确把握。

第四，将可供选择的操作目标具体罗列下来。在完成前三项工作的基础上，教学设计人员要进一步列出具体的、可供操作的目标，即分解和细化已确定的教学目标。

第五，确定测验项目的参照标准，即根据教学目标，设立测验评价的参照标准。以教学目标为标准来衡量参照标准质量，其中测验项目应与目标所陈述的行为类型有一定的联系。

第六，确定教学策略。为了使预定的目标最终得以实现，教师在实施具体教学前，必须采用合适的教学策略和方法。

第七，选择教学材料和资源。教师必须从教学的实际需要出发，合理选择和利用不可或缺的教学资源，如教学材料、学习指南、教师用书、练习材料和试卷等。

第八，进行形成性评价。教学方案的设计完成之后，还需要对其作出一系列评价，以便对设计方案进行调整和修改，使教学方案更完整、科学、可行。教学设计人员可以从学科评价、小组评价和个体评价这三类形成性评价中获得有益的反馈。

第九，对教学方案进行修正和调整。根据形成性评价所得到的资料，找出教学中存在的问题，从而修正教学方案，进一步完善教学方案。修正教学方案指用形成性评价得到的资料重新测量教学分析的程度以及对学生初始行为的假定，并对操作目标、测验项目、教学策略等方面进行复查或修改，以获得最终的较有实效的教学方案。

（二）系统分析模式

系统分析模式的理论基础来自工程管理科学的某些原理。此模式将教学过程看作一个输入—产出（输出）的系统过程，"输入"是需要学习知识和技能的学生，"产出"是完成教育的人。该模式强调以系统分析的方法对教学系统的输入—产出过程及系统的组成因素进行全面分析、组合，使教学方案的设计获得最佳效果。

系统分析模式非常重视输入—产出过程的系统分析。在整个设计过程中，目标是其中的基础，具体规定着教学系统产出的预期结果。目标有所差异，整个系统的分析、组合和设计就会呈现另一番景象了。

为了促进系统分析设计模式的不断完善，使设计出来的教学方案更富有操作性，心理学家加涅（Gagne）和布里格斯（Briggs）提出了该模式应遵循的基本步骤，主要有以下几方面的内容：第一，对教学的现实需要进行分析、确定；第二，确定教学的一般目标和特定目标；第三，设计诊断或评估的方法；第四，形成教学策略，选择教学媒体；第五，开发、选择教学资源；第六，设计教学环境；第七，教师的充分准备；第八，进行小型实验，获得形成性评价，作出及时的调整；第九，终结性评价；第十，建立教学设计系统，并将其推广。

教学的预先设计在前七个步骤中，后三个步骤的主要目的是进行设计方案的验证、评价和修订。这一模式的基本特点是将教学设计建立在对教学过程的系统分析基础之上，综合考虑教学系统的各种构成要素，使"产出"的质量有所提高，使设计方案效果良好。

（三）过程模式

过程模式的设计者是美国新泽西州立大学学者肯普（Kempe）。这一模式与目标模式的主要区别在于它的设计步骤呈一定的循环模式，设计者根据教学的实际需要，可从整个设计过程中的任何一个步骤开始，而且前后方向可以自由选择，而目标模式是直线形的。

过程模式的设计步骤包括以下几个方面：第一，通过分析教材和大纲要求，确定教学目的和课题，主要是解决在教学中必须解决的问题；第二，列出学生的重要特点和对学生的要求等，主要是为了提高教学效率和因材施教。如对学生的一般特征、能力、兴趣和需求等，要有基本的了解；第三，确定学习目标；第四，确定学习目标的主题内容，主要是将学习目标具体化和可操作化，对教学内容做进一步的分化，如列出要学的事实、概念、原理等；第五，预测学生已有的学习准备状况以及学生在学习中有可能遇到的问题，包括已有的知识经验水平和学习能力等，以便为学生的学习导向、定步、修正教学方案的内容；第六，对教学方法和教学资源进行选择，主要是确定最合适的教学方法和资源以完成教学目标；第七，提供相关的教学服务，制订教学计划；第八，对学生的学习进行评价，获得反馈信息，修正教学方案。

过程模式较为灵活、实用，根据教学情境的变化，设计人员可以有重点地进行教学设计。

（四）ADDIE 模式

谈到教学设计的程序，绝大多数人推崇的是ADDIE（分析阶段Analysis；设计阶段Design；开发阶段Development；实施阶段Implement；评价阶段Evaluation）。ADDIE模式被看成比较经典和影响广泛的教学设计模式的标志。ADDIE教学设计模式的五个阶段彼此相互联系，互为支持。

评价活动能揭示出其他四个环节中哪些是需要修正的地方。ADDIE模式的每一个阶段和其他阶段都是相互联系的，用实线指代从分析到评价的过程流向，虚线则指代反馈的路径。

这一设计模式的逻辑关系表明，在操作程序上，并不一定必须按照这一规定进行，并且整个过程也不总是以严格的线性方式进行。有时候，教学设计各阶段的图示是可以用直线的、循环的或者圆形甚至线球来表征。尽管ADDIE是立足于有序化解决问题的模式，但这并不意味着ADDIE可以忽略各阶段之间的相互联系。在ADDIE的每一个阶段，都需要进行解决问题的活动。

总之，这些教学模式提供的仅仅是一些可以借鉴的设计思路和方法。教学过程是由诸多要素构成的复杂系统，在具体的教学实践中，设计者想要保证教学设计的高质量，还需要依据教学设计的一般原理，对各种具体因素进行综合考虑，充分发挥自身的创造性，做到理论与实际相结合，具体分析、对待和处理遇到的问题。

第二节 高校教师的教学评价与教学反思能力

一、高校教师的教学评价能力

（一）教学评价的方法

从计划、设计到实施、总结，教学评价的每个环节都有其独特的方法。不过，教学评价常常是按照评价对象的不同而分别组织实施的。其中，教学实践中使用比较多的是学生学业成就的评价方法和教师授课质量的评价方法。

1. 学生学业成就的评价方法

学生学业成就评价是教学评价中最核心、最基本的活动。为了全面而准确地评价学生的学业成就，需要确立明确的评价标准，灵活运用各种方法。

（1）学科成就测验。学科成就测验俗称考试，它是最常用的判断学生学业成就的评价方法。考试又分为非标准化的教师自编测验与标准化考试两种基本类型。在教师自编测验中，教师依据具体的教学目标和内容，设计若干题目并编制成试卷，然后对学生施测。它由教师自己组织、设计和实施，针对学生实际，比较灵活，但测验的质量常受教师自身水平的限制。标准化考试一般由专门的机构或组织（如考试中心、教育行政部门等）设计、组织和统一实施，一般是严格依据科学原理并按照科学方法与程序来实施的。标准化考试一般质量较高，科学性较强，控制较严，但费用也较高，主要适用于大规模的教学评价。

考试包括前后相继的三个环节：试卷编制、施测与评分。试卷编制是寻求合理的测查学生学业成就的行为样本的过程。这涉及确定考试目的、确立评价标准、规划具体的试卷结构并具体编写题目等工作。考试题目有客观性试题和主观性试题两类。客观性试题是指那些答案客观唯一、评分标准不受评分者主观因素干扰、评价对象不能自由发挥的试题，主要以填空题、选择题、是非题、匹配题和简答题等形式呈现。主观性试题是指那些允许评价对象自由发挥、存在多种答案、评分易受评分者主观因素影响的试题，如论述题、作文题、应用题、操作题、联想题等。两类试题各有优缺点，具有互补性，需要根据考试目的把两类试题合理地加以组合。

在标准化考试中，第一个环节是将编制好的试题和试卷进行预测，以获得相关的质量指标数据，以进一步筛选试题、修订试卷，提高试题和试卷的质量。难度、区分度、信度、效度，是测验的四个基本的质量指标。所谓难度，即测验包含的试题的难易程度；所谓区分度，即测验对不同水平的考生能够区分的程度；所谓信度，即测验结果的可靠程度；所谓效度，即测验能够达到测验目的的程度。第二个环节是施测，即让学生在规定的时间、地点和条件下解答试题。为了提高考试的质量，施测过程中的物理环境、心理环境和组织制度应既统一又合理。第三个环节是评分。为了有效控制评分误差，应努力保证评分标准的统一性和明确性，提高评卷人的责任心，加强评卷的复核审议工作。

考试可以测查学生对知识、技能的掌握程度以及其他方面的发展状况，适用面大，相对来说结果比较公正，并为社会各界所认同，因而在现实中得到广泛应用。但是，对考试的作用也应辩证地认识。任何考试都不能完全真实地反映学生学业成就的整体面貌，过于迷信考试和单纯追求分数极易导致分数主义和应试教育，遗患无穷。

（2）日常考查。这是一种伴随日常教学而进行的经常检查和了解学生学习情况的评价方法。通过日常考查，可以多方面地获取学生学习的动态信息，为师生提供及时反馈。日常考查的具体形式主要有：①口头提问或扮演。口头提问或扮演能反映学生当堂学习的情况，帮助教师了解学生对具体知识、技能的掌握程度。教师对学生回答或扮演情况应给予口头评价。②批改作业。通过批改学生的书面作业，教师可以了解学生理解与运用知识的程度，发现教学的漏洞与不足，也可以了解学生有关能力的水平，从而为改进教学提供信息。③小测验。小测验即在课堂教学中进行的小型考试，多在课题或单元教学结束之后进行。通过小测验，教师可以用较短的时间了解到一段时间以来全体学生的学习情况。为了有效发挥小测验的作用，应适当控制测验频率，加强考后评析。

（3）专门调查与心理测量。为了全面评价学生的学习态度、方法、习惯和能力等，还需开展专门调查和心理测量。调查法一般用问卷或座谈的形式进行。问卷是一种用预先精心设计的问题让学生回答以获得所需信息的方法。问卷和考试的区别是，考试要求学生运用所学知识求解问题的正确答案，而问卷要求学生实事求是地陈述自己的感受或观点。问卷设计应简单、明了，尽可能不带倾向性和暗示，以免造成结论失真。座谈是一种召集学生就有关问题进行专门交谈而获取所需信息的方法。座谈要精心准备，预先计划好交谈的问题，谈话过程中应注意交谈的目的性，把握住话题并记录要点。

借助专门的心理量表来测量学生的有关心理发展状况，是学生学业成就评价的重要途径。例如，为了评价教学活动对学生创造力发展的作用，可以在教学之前和教学之后运用专门的创造力测验量表来加以了解；学生智力、人格、态度等方面的发展水平，也可以用相应的专门量表来测定。一般来说，专门的心理量表具有稳定的常模（评价标准）、固定的施测程序和系统的资料分析方法，因而科学性较强。为了保证测量的质量，应由经过专门训练的测验人员来主持测验，严格遵循测验程序的要求和有关测验规范，防止滥用和误用测验。此外，应慎重看待专门心理测量工具的作用以及得到的结果，不应迷信和夸大。

2.教师授课质量的评价方法

对教师授课情况进行科学评价，从而获得教学情况的有效信息反馈，是提高教学质量和教师教学水平的重要途径。在实践中，学校大多从教学目标、教学过程、教学效果等基本维度来评价教师授课质量。教师授课质量的评价，首先是看教学目标。高质量的教学在目标方面应符合内容具体、表述清晰、定位准确、便于操作等条件。其次是评价教学过程。这涉及许多具体方面，如教学内容、教学方法、教学组织形式、板书、作业质量、教学语言、师生情感、课堂气氛、教学艺术、教学风格、教育思想等。评价教学过程的基本标准是教学过程的科学性、艺术性和教育性。最后，教师授课质量的高低要从教学效果角度来评价。教学效果的评价，主要是看教学目标是否达到，学生在知识、技能及能力、品德等方面有无实际进步。此外，效益问题也是效果评价的重要方面，即应计算教学消耗与教学收益之间的关系。评价教学效果的基本标准是质量高、效益好。总之，从目标、过程、效果三个相互关联的方面来评价教师授课质量，能比较全面地反映教师教学的整体状况，也比较简单明确，具有通用性。因而，可以把"目标—过程—效果"三维评价标准作为教师授课质量评价的一般指标。

评价教师授课质量的方法多种多样，在教学实践中比较常用的有综合量表评价法、分析法、调查法等。

（1）综合量表评价法。这是一种比较精细的数量化的教师授课质量评价方法。基本程序：①编制专门的教师教学评价表。评价表的设计主要涉及确定评价指标（项目）、确定各项指标的权重和确定各项指标评分或评等的标准等。②听课。评价主体以随堂听课为基础，按教师教学评价表上内容对教师授课质量进行评定。听完课后，评价人员依据自己对评分（评等）标准的理解，独立地在教师教学评价表的每个项目上，给予评价对象一定等级或分数。③数据处理。汇总所有的教师教学评价表，运用一定的统计方法对所得数据进行分析处理，得出每个评价对象的总得分或等级。综合量表评价法在实践中的应用有简有繁，取决于量表本身的精细程度、评价人员的多少以及对统计方法的选择。

综合量表评价法是评价教师授课质量的有效方法，在实践中应用广泛。其优点：注重对教学活动的具体分解，评价指标比较具体；注重量化处理，结果比较准确；注重标准的一致性，评价人员主观因素干扰相对较少。不足和困难：项目和权重的确定很难保证根据充分合理；评价人员对标准的理解仍受个人经验或价值观的影响，难以做到真正客观。

（2）分析法。这是一种通过对教师教学工作的有关方面进行定性分析进而评判其教学质量优劣的评价方法。分析法一般没有专门的评价指标和评等标准，主要取决于评价人员的学识和经验，评价结果以定性描述为主。

分析法既可用于他评，也可用于自评。学校领导或同行在观摩教师的教学活动后，凭着自己对教学目标、教学原理和教学思想的理解以及有关经验积累，分析教师教学的优点和缺点，这是常见的分析法的具体应用方式。教师在教学后对自己的教学工作进行分析，寻找教学的成功之处和薄弱环节，就是自评（自我分析）。教师日积月累的自我分析，对改进教学工作大有裨益。

分析法有简便易行、能突出主要问题或主要特征的优点。它的局限性是标准不够明确，受主观因素影响较大，规范性较差。因而，分析法主要适用于日常以改进教学工作为直接目的的教师授课质量评价，不宜用于规范的以评定等级为主要目的的管理性评价。

（3）调查法。教师授课质量评价的调查法，主要有问卷与座谈两种方式。问卷法的程序是设计专门的调查问卷，向相关人员（如所教班级的学生、有关教师等）发放问卷进行调查，收集处理问卷上的有关信息和数据，最后对教师授课质量作出定性、定量或综合性的评价。座谈法的基本做法是召集有关教师和学生举行专门会议，询问某教师的教学情况，了解他们对该教师教学质量的意见，最后对教师授课质量作出评价。调查法兼有综合量表评价法与分析法的有关要素，适合于专门了解某个教师较长时间内的教学情况，多在专门鉴定某教师的综合教学水平的管理性评价中运用。当然，教师也可以通过调查法来了解学生对自己教学的意见，以帮助改进教学工作。

（二）基于新课程的发展性教学评价

1. 发展性学生评价

（1）发展性学生评价的基本特点。所谓发展性学生评价，是指以促进学生的全面发展为根本目的的学生评价理念和评价体系。这一评价理念和评价体系具有以下突出的特点。

①发展性学生评价应注重学生发展的独特性。心理学和社会学的研究表明，每个学生都有不同于他人的先天素质和生活环境，都有自己的爱好、长处和不足。学生的差异不仅表现在学业成绩的差异上，还表现在生理特点、心理特征、动机兴趣、爱好特长等各个方面。这使得每一个学生的发展目标以及发展速度和轨迹呈现出一定的独特性。发展性评价正是强调要关注学生的个别差异，建立"因材施评"的评价体系。具体地说，就是要关注和理解学生个体发展的需要，尊重和认可学生个性化的价值取向，依据学生的不同背景和特点，运用不同的评价方式，正确判断每个学生的不同发展潜能，为每个学生制订个性化的发展目标和评价标准并提出适合其发展的具体建议。

②发展性学生评价应关注学生发展的全面性。知识与技能、过程与方法、情感态度与价值观等各个方面都是发展性学生评价的内容，并且受到同等的重视。

比如，在地理课程标准中规定，在评价学生参与地理探索性活动的程度和水平时，评价的重点不在于检查学生记忆的准确性和使用技能的熟练程度，而在于学生实地考察与观测、调查、实验、讨论、解决问题等活动的质量，学生在活动中表现出来的兴趣、好奇心、投入程度、合作态度、意志、毅力和探索精神，学生在地理学习中所形成的热爱祖国的情感和行为、关心和爱护人类的意识和行为、对社会和自然的责任感，以及学生对地理学习与现实生活的密切联系和地理学的应用价值的深刻体会。

③发展性学生评价应倡导评价方式的多元化。要改变单纯通过书面测验和考试检查学生对知识、技能掌握的情况，倡导运用多种评价方式、评价手段和评价工具综合评价学生在情感、态度、价值观、创新意识和实践能力等方面的进步与变化。这意味着，评价学生将不再只有一把"尺子"，而是有多把"尺子"。实践证明，多一把"尺子"就多一批好学生。只有实现评价方式的多元化，才能使每个学生都有机会成为优秀者，才能促进学生综合素质的全面发展。

④发展性学生评价应发挥学生本人的主动性。传统的教学评价，片面强调和追求学业成绩的精确化和客观化，忽视了学生的主体性和主动性，往往使学生的自评变得无足轻重。发展性学生评价试图改变过去学生一味被动接受评判的状况，以发挥学生在评价中的主动性。具体来说，在制订评价内容和评价标准时，教师应更多地听取学生的意见；在评价资料的收集中，学生应发挥更积极的作用；在得出评价结论时，教师也应鼓励学生积极开展自评和互评，通过"协商"达成评价结论；在反馈评价信息时，教师更要与学生密切合作，共同制订改进措施，以保证改进措施的真正落实。总之，学生对评价过程的全面参与，使评价过程成为促进学生反思、加强评价与教学相结合的过程，成为学生自我认识、自我评价、自我激励、自我调整等自我教育能力不断提高的过程，成为学生与人合作的意识和技能不断增强的过程。

（2）实施发展性学生评价的基本程序。为保证评价工作科学、有序地进行，需要建立和遵循一定的实施程序。一般而言，实施发展性学生评价工作应按照以下四个工作环节来进行。

①明确评价内容，并用清楚、简练、可测量的目标术语表述出来。明确对学生学习的评价内容是实施评价工作的第一步。评价内容是通过评价目标体系体现出来的。一般来说，促进学生全面发展的评价目标体系主要包括学科课堂学习目标和一般性课堂发展目标两个方面。下面重点讲述课堂学习评价目标的编写，

避免因过于笼统、空泛而削弱评价的可操作性，造成评价结论的不一致性。评价指标应用具体、清楚、简练、可测量的目标术语表述出来。在这方面，国外有一个ABCD目标编写模式值得我们借鉴，其基本要求有：第一，应明确学习主体是谁，即教学的对象；第二，应说明通过学习后，学生应能做什么，即外显的行为；第三，应说明上述行为是在什么条件下产生的，即产生的条件；第四，应规定评定上述行为是否合格的最低衡量依据，即评价的标准。

需要说明的是：在ABCD模式中，行为的表述是基本部分，不可省略。相对而言，对象、条件和标准是三个可选择的部分。在具体的课堂教学中，由于学习主体是明确的，因此可省略对象部分。同样，在具体的课堂教学中，条件和标准有时也可省略（若不提条件，则该条件是师生都不言而喻的条件；不提标准，一般即认为要求学生达到100%的正确率）。此外，利用ABCD模式编写的评价目标是基于行为主义观点编写的，通常称为行为目标。行为目标虽有优越性，但它只强调了外在的行为结果而未注意内在的心理过程。而要体现情感态度和学习策略等学生内在的变化有时需要用内外结合的表述方法来编写有关的评价目标。

②选择评价方式，设计评价工具。有了评价标准以后，还需要选择评价方式，设计评价工具，这是在评价的设计准备阶段应做的重要工作。发展性学生评价除了使用纸笔以外，更为强调使用质性评价方式，如观察法、访谈法、情境测验法、行为描述法、成长记录袋评价法等。究竟选用哪一种方式，要根据评价内容和评价对象的特点来确定。

评价工具是收集评价资料的直接依据和手段。一般来看，中小学用得最多的评价工具通常是评价表。教师在设计制作评价表时应注意以下几点：①评价表的形式既可以是评价表格，也可以是评价项目清单；②不仅要有反映学生学业成绩的评价表，而且要有反映学生学习过程和学习态度的评价表；③评价表的设计要体现"以质性评价为主"的评价理念；④评价表的设计要考虑评价主体多元化的需要，使学生的自我评价、教师的评价和家长的评价都能体现出来。来自不同评价主体的评价既可以设计在一张评价表上，也可以用不同的评价表分开设计。

③收集和分析反映学生学习过程和结果的资料和数据。反映学生学习和发展状况的资料数据是评价学生的客观事实依据，评价资料的有效性是保证达成恰当的评价结论的基础。为保证评价数据的全面性、真实性和有效性，评价实施者在收集学生评价资料数据时，要注意以下几个方面：第一，坚持多渠道收集资料；第二，评价任务必须与评价目标高度一致；第三，带有评语的原始资料比单纯的

分数或等级更重要；第四，收集的资料不仅要涵盖学生发展的优势领域，也应涵盖被认为是学生发展不足的领域。评价资料收集上来以后，需要对收集到的数据进行分析，形成一个对学生学习情况的分析报告，客观地描述学生当前的学习情况。在分析评价资料时，要注意以下几个方面：第一，要鼓励被评价者参与讨论；第二，应对来自各种测评手段的数据进行综合性的分析；第三，应尽可能进行纵向和横向的比较分析；第四，评价结果的呈现方式应是量化表述与质性表述的有机结合。

④明确促进学生发展的改进要点，并制订改进计划。发展性学生评价的根本目的是要促进改进并促进发展。因此，只得出一个客观描述学生学习情况的分析报告是不够的，还需要在此基础上提出改进要点，制订改进计划。制订改进计划时要注意以下几个方面：第一，改进要点应用清楚、简练、可测量的目标术语表述出来，明确、具体地描述我们期望看到的学生通过改进以后达到目标时的行为表现；第二，改进计划还应关注个体差异和不同背景，提出有针对性的、有个体化特征的改进要点；第三，要讲究评价结果和改进计划的反馈方式和策略，使评价真正发挥激励和促进的作用。评价反馈的策略主要有：给予反馈与不给予反馈、单独反馈与公开反馈、全部反馈与不完全反馈、群体反馈与个体反馈、正面结果反馈与负面结果反馈等。

2.发展性教师评价

教师评价与教师的专业成长等有着密切的联系，教师评价的公正与否在很大程度上影响着教师参与新课程改革的热情。因此，实施有利于教师专业成长的发展性教师评价是新一轮课程改革所倡导的。

（1）发展性教师评价的基本理念。

①主张评价以促进教师的专业成长为目的。发展性教师评价是一种面向未来的评价。发展性教师评价认为，教师是一种专门职业，每位教师都需要不断地对自己的教育教学进行反思、总结与改进，每位教师都有在教育教学的过程中不断发展的内在需求和可能性，而评价则是教师获得专业成长的重要促进力量。

②强调教师在评价中的主体地位、民主参与和自我反思。发展性教师评价是一种积极主动的评价。发展性教师评价认为，与外在的评价者相比，教师最了解自己，最清楚自己的工作背景和工作对象，最知道自己工作中的优势和困难。因

此，对教师的评价必须充分发挥教师本人的作用，突出教师在整个评价过程中的主体地位——不仅把被评教师看作评价的对象（但不是被动的客体），也将其看作评价活动的积极参与者，评价者应与被评教师建立平等的合作伙伴关系，鼓励教师民主参与、自我评价与自我反思。

③重视教师的个体差异。发展性教师评价是一种有差异的评价。教师在人格、职业素养、教育教学风格、师生交往类型和工作背景等方面存在很大差异。发展性教师评价主张评价应尊重教师的个体差异，并根据此差异确立个体化的评价标准、评价重点及相应的评价方式，明确地、有针对性地提出每位教师的改进建议、专业化发展目标和进修需求等。这样才能充分挖掘教师的潜能，发挥教师的特长，更好地促进教师的专业成长和主动创新。

④主张评价主体多元化，多渠道为教师提供反馈信息。发展性教师评价是一种多元的评价。发展性教师评价认为，为了使评价能更有效地促进教师的专业成长，不仅学校领导是发展性教师评价的主体，如前所述，被评教师本人也是主体。此外，发展性教师评价也强调让同事、学生及家长等人员共同参与评价，使被评教师能从多渠道获得反馈信息，更好地反思和改进自己的教育教学工作。

（2）发展性教师评价的实施步骤。发展性教师评价的实施一般包括初次面谈、收集信息、评价面谈和复查面谈四个主要阶段。

①初次面谈。评价者与被评教师的初次面谈是发展性教师评价的初始阶段。一般说来，初次面谈主要解决如下问题和议程：第一，进一步明确发展性教师评价的目的旨在改进教师的教学实践，促进教师个人未来的专业成长与发展；第二，进一步明确发展性教师评价的整个过程和步骤，使评价双方做到心中有数；第三，确定评价的重点，探讨评价信息和数据收集的种类、渠道、方式和步骤，确定征求意见的人选；第四，为整个评价工作确定时间表。

②收集信息。收集信息是发展性教师评价的关键阶段。在实施发展性教师评价的过程中，评价者必须掌握大量有关被评教师的信息，只有掌握大量准确可靠的信息，发展性教师评价才有坚实的基础，被评教师才会对评价的结果心服口服。收集信息的类型、渠道和方式要多种多样。从类型上来说，信息包括口头信息和书面信息两种；从渠道和方法上来说，课堂听课、教师自我评价、广泛征求第三方意见和查阅资料等都是获得信息的途径。

③评价面谈。信息收集完毕以后，进入评价面谈阶段。这是发展性教师评价

的核心部分。评价面谈阶段的主要工作有：第一，总结被评教师的工作，探讨其优点和成就，发现存在的问题和不足之处，寻求解决问题和克服不足的方法；第二，商定被评教师的未来发展目标；第三，确定被评教师的进修需求；第四，撰写评价报告。

④复查面谈。在实现个人发展目标的过程中，被评教师需要继续得到评价者及他人的关心，需要在资源、精神等方面获得必要的帮助和支持。而且，评价双方应定期举行中期复查，反省既定目标的适切性及达成度，必要时可调整或修订目标。如果目标达成，一轮完整的发展性教师评价工作结束，进而又在新的基础上开始新一轮的发展性教师评价。

二、高校教师的教学反思能力

（一）教学反思的类型

1.依据教学反思的性质划分

美国教育学者瓦利（Valli）根据教学反思性质的不同，将其划分为五种不同的类型。

（1）技术性反思。这里所指的"技术性反思"具有两层含义：一是与反思的内容有关，只关注教学技术或技能这一狭小的领域；二是与反思的质量有关，注重有关教学成果的直接应用。

（2）行动中对行动的反思。这一术语来自20世纪80年代美国"反思性教学"思想的重要倡导人——美国马萨诸塞技术学院的唐纳德·舍恩（DonaldSchon）教授。"行动中对行动的反思"包含了两层意思：一是"对行动的反思"；二是"在行动中反思"。前者指教师在自己的教学完成之后，对已发生过的教学行为进行回溯性的思考；后者则与在教学过程中发生的直觉的、即兴的决策有关。

（3）深思熟虑的反思。"深思熟虑的反思"强调以多样化的知识资源作为教师决策的基础，这些资源包括研究、经验、其他教师的建议、个人的信念和价值观等。在这些资源中，并没有哪一种占主导地位，各种意见和观点都可以被加以考虑。教师就是要在各种观点，甚至是相互冲突的建议中，尽可能地作出最好的决策。

（4）个性化的反思。这类反思在内容上指向个人的发展，与教师个人生活和职业生活有关。在这类反思中，教师学习者要思考自己究竟要成为哪种类型的教师。他们不仅要对自己的生活进行思考，而且还要对自己的学生进行思考，但所关心的并不只限于学生成绩方面，而是对学生生活的各个方面，包括对学生的个人愿望、兴趣爱好等都予以关注。

（5）批判的反思。这一模式来自哈贝马斯（Habermas）等的哲学，哈贝马斯认为，"批判"具有消除卑劣并能创造人类自由和幸福所需的社会条件的潜质，因而将"批判"作为反思的最高形式。批判性反思的目标不在于理解，而是要努力提高处境不利群体的生活质量。它不仅强调质疑和批判，而且还强调社会行动。这种类型的教师教育强调，教育决策不可避免地要以一定的善恶标准为基础。

2. 依据教学时间划分

我国学者通常按教学时间或教学进程来划分教学反思的类型。

（1）"课后思"。一堂课下来就总结思考，写好课后心得、课堂随笔或教学日记。"课后思"对新教师显得更加重要。

（2）"周后思"或"单元思"。一周课下来或一个单元讲完后反思，摸着石头过河，发现问题及时矫正。

（3）"月后思"。对自己一个月的教学活动进行梳理和总结。

（4）"期中思"。通过期中考试，召开学生座谈会，听取家长意见，进行完整的阶段性反思；也可以以一个学期为单位进行"学期思"，甚至一个学年或三年一届教学的宏观反思。

3. 依据教学进程划分

在以往的教学经验中，教师大多关注教学后的反思，忽视或不做教学前的反思。其实教师在教学前对自己的教学设计和教案进行反思，是教师对自己教学设计的"再次查漏补缺、吸收和内化的过程"。

教学前反思的内容包含反思确定内容、阶段及具体实施方法对学生的需要和满足这些需要的具体目标，以及达到这些目标所需要的动机、教学模式和教学策略，还要对本学科、本册教材、本单元、本课时写出教学计划。同时列出反思的关键项目，例如，第一，要教给学生哪些关键概念、结论和事实；第二，教学重点、难点的确定是否准确；第三，教学内容的深度和范围对学生是否适度；第四，设计的活动哪些有助于达到教学目标。

（二）教学反思的策略

1. 反思日志

反思日志是教师对自己教学活动中具有教育价值的各种经验以及在此基础上所进行的批判性的理解和认识予以真实性的书面记录和描写，是实现自我监控最直接、最简易的方式。通过撰写反思日志，详细回顾并记下自己的教学全过程，就教学中的灵感或闪光点、教学中学生的感受、教学中的改革与创新、教学理念的先进性、教学目标的达成度、教学策略的有效性、教学内容的准确性、教学设计的科学性、师生情感的默契性等方面进行全方位反思。写反思日志可以使教师较为系统地回顾和分析自己的教育教学观念和行为，发现其中存在的问题，可以提出相关的研究方案，并为更新观念、改进教育教学实践指明努力的方向。

反思日志的形式有多种，常见的有点评式、提纲式、专项式和随笔式。教师可依个人的习惯、爱好选择相应的方式撰写日志，也可结合实际，创造其他的形式。

2. 课堂录像、录音

如果仅对教学进行观察，是很难捕捉到课堂教学的每一个细节的。随着信息技术的发展，现在越来越多的学校使用数码摄像机进行课堂实录。用摄像机把自己的教学过程录制下来，课后重播，围绕教学理念、教学目标、教学策略、教学设计、教学手段等进行自我反思。教师可自行浏览自己或其他教师的教学录像，在播放中找出一些自己觉得特别的画面，将其静止，反省为何会这样讲授某些知识点，是否妥当，下次应如何改进等内容。还可以在观察了全部教学流程后，思考如果自己重新设计这一课会怎样设计，再对照教学录像对教学过程、教学设计中存在的问题进行深入的分析和思考。

课堂录音也比较简捷、实用，在教学中特别是语言教学中，教师可以通过课堂录音分析自己或者学生的有关语音、语法、用词等的诸多语言现象，也可以对自己教学的某一方面进行细致的研究。

教师通过对所收集数据进行系统、客观、理性的反思，分析行为或现象的形成原因，探索合理的对应策略，从而使自己的教学更加有效。

3. 同行观摩、协作与交流

同事作为教师反思自身教学的一面镜子，可以反映出日常教学的影像，这些影像虽为自己所熟悉，但有时也会因其而大吃一惊。

开放自己的课堂，邀请其他教师听课、评课、听自己说课。课后，教师和专家、同事一起评课，特别是边看自己的教学录像边评，更能看出自己在教学中的长短之处。

观摩其他教师的课堂。他山之石，可以攻玉。教师可多听课，既听专家型教师的课，也听其他非专家型教师的课程，这样可以更好地发现自己所熟悉的教育教学活动中存在的问题，将讲课者处理问题的方式与自己的处理方式相对照，以发现其中的差别。因此，观摩各级各类公开课、研究课、优质课，通过学习比较，找出理念上的差距，解析手段、方法上的差异，从而提升自己，促进发展。

此外，每个教师在教学中都可能面临着相同的困境和问题，教师们聚集在一起，针对课堂上发生的问题，各抒己见，共同讨论解决办法，从交流探讨中反思教学的得失，得出最佳方案为大家所用，达到共同提高的目的。这样，通过同行之间的对话、讨论，可以深入探索，扩展教师的知识，促使教师更有效地进行思考，使教师把实践经验上升为理论。

4. 听取学生的意见，进行信息研究

从学生的角度来看自己，可以使教师更好地认识和分析自己的教学。教师在教学中不断听取学生意见的时候，可以对自己的教学有更新的认识。它可能会使教师因学生正按自己的期望不断进步而信心倍增，也可能会因学生与教师的期望背道而驰而大惑不解。

教师征求学生的意见时，遇到的最大障碍莫过于学生不愿意说出自己的想法。解决这一问题可从下面几方面入手：可以采取匿名征求意见的方法；努力创造一种平等的、相互尊重和信任的师生关系和课堂氛围，从而使学生产生安全感；还可以采用课堂调查表的方法。

另外，还可以从学生的作业、测验等教学反馈中反思教学过程，想一想为什么某个问题、某个知识点学生普遍掌握得很好或者很不好，认真回想教学设计、实施过程中的每个环节，往往会有"顿悟"的感觉。

5. 专家观摩

不定期地邀请专家（如理论专家、特级教师、学科带头人、名师、教研室教研员等）光临自己的课堂，课后认真、充分地与他们对话并积极感悟。

第三节　高校教师的教育技术应用能力

一、现代信息技术与课程整合概述

（一）信息技术与课程整合的内容

信息技术与课程整合的具体内容主要包括课程内容的整合、信息技术与传统教学活动和媒体的整合、学习方式和教学过程的整合。

1. 课程内容的整合

在课程内容标准中，需要明确规定信息技术与各门课程之间的整合点。英国的课程内容标准在这一点上值得借鉴。信息技术与课程整合导致课程内容发生变化。在从事整合实践时，不能只考虑如何采用信息技术来实现现有课程的目标和内容，还要考虑信息技术可能给课程内容带来的变化。例如，在统计图表制作方面，要考虑如何让学生学会使用Excel生成图表，并根据数据特点和交流意图选择图表、分析图表。教育资源网站、专题网站都可以成为学生课外学习的资源和内容。

2. 信息技术与传统教学活动和媒体的整合

基于信息技术的教学活动必须与传统教学活动相结合，是否使用信息技术，要根据学习目标和意图而定。同时，信息技术需要与其他教学传媒相整合。每一种媒体都有自己的优越性，但是没有一种媒体能解决一切教育难题，计算机也不例外。媒体的使用不会自动促进学习，使用媒体的方法在很大程度上决定了学习效果。一种媒体的潜力与充分利用这种潜力的方法，共同影响了学生表征和处理信息的方法。

3. 学习方式和教学过程的整合

学习方式和教学过程的整合是人们最为关心的一个方面。学习方式是课程的基本要素之一，信息技术与课程的整合不仅仅是课程内容方面的整合，还必须包括学习方式的整合。教学者要利用信息技术的潜力来整体设计新型的学习方式，同时还要把信息技术融合到教学的全过程，对课程教学起到支撑作用。例如，利用信息技术进行基于问题的学习、情境性探究学习、网上主题研究学习、远程协作学习等，使信息技术在教学中起到其他手段不能替代的作用。

（二）信息技术与课程整合常用方法

1.直观演示方法

直观演示方法是指利用实物、图片、多媒体课件等教具，将教学内容直观地呈现在学生面前，让学生通过外部多种刺激感知学习内容，充分调动多种感官，感知事物、领悟概念、掌握原理的方法。

直观演示方法有效地应用了教学的直观性原则，在学习抽象概念、复杂的设备原理、动作步骤等难以用言语表达清楚的知识内容时，可起到事半功倍的效果。直观演示方法也是目前信息技术与课程整合中运用最广泛的一种方法。

2.知识点切入方法

信息技术与课程整合，应以学科知识点为切入点来进行。在各门学科的教学过程中，信息技术可切入的知识点很多，教师应充分利用可切入的知识点，围绕知识点的揭示、阐述、展开、归纳、总结等环节，运用现代信息技术媒体进行有效的教学，有效地开展课程整合。学校应建立各门学科的信息技术媒体资源库，并对所有的资源建立详细的目录，保证所有师生都能方便查找和利用这些资源，并在教学过程中发挥其特有的功效。

3.思维训练方法

思维训练方法是指利用信息技术训练来提升学生思维能力的方法。训练、提升学生的思维能力是任何学科教学都要完成的教学目标之一。信息技术与课程整合，可以激发学生思考的热情，给学生思考的机会，有助于教师对学生思维的敏捷性、灵活性、深刻性和独创性等一般品质的训练，还有助于对学生思维的创造性，如思维的发散性、求异性、逆向性等进行有效的培养。

当前，许多教学软件都可以在思维训练方面提供良好的支持。通过多媒体技术从不同角度提出问题，引导学生用不同方法解决问题，发展学生的发散思维。可以设置各个参数的动态变化，引导学生总结、分析，从而掌握事物发展变化的规律。还可以模拟事物变化的过程或展示自然界中的现象，引导学生学会观察、提出猜想、进行探索、合理论证、发现规律。

4.多种感官参与学习方法

在教学中，通过信息技术与课程整合，力求为学生提供多种感官参与学习的氛围，让学生充分动眼、动耳、动脑、动手、动口，并通过动手实验、操作学具，边想、边做、边练来感知事物、领悟概念、掌握原理。多种感官参与学习，能大大提高学生的感知效果，并使学生由被动学习变为主动学习。

5.自主探究学习方法

自主探究学习方法是指利用信息技术为学习者创设环境，让学习者较少依赖教师或他人，充分发挥自身的主观能动性，独立进行学习活动，进而达成教学目标的方法。

该方法主要培养学生分析信息、加工信息的能力，强调学生在对大量信息进行快速提取的过程中，对信息进行重整、加工和再应用。最后，师生一起进行学习评价、反馈。教师在学生学习的过程中，提供基本框架、总目标、指导和建议，起到组织者和促进者的作用。

6.强化训练方法

强化训练方法是指利用计算机软件或网站呈现练习内容，学习者通过反复练习并获得及时反馈、强化，进而掌握学习内容的方法。

尽管当前教育界比较推崇建构主义，但在具体的教学实践中，行为主义所倡导的强化训练仍有特定的意义。对那些需要通过反复强化才能掌握的教学内容，如单词的记忆、听力的提升等，是非常适合运用强化训练方法的。

7.协作学习方法

协作学习方法是指以协作学习理论为基础，把学习置于复杂的、有意义的问题情境中，充分利用信息技术在通信交流上的优势，使学习者通过合作共同解决问题的方法。

协作学习方法对促进学习者开展各种高级认知活动，提高学习者处理和解决现实问题的能力有着明显的作用。借助信息技术，协作式学习能够更好地开展。众所周知，信息技术具有交流便捷、跨越时空、资源丰富等特点。参与者借助信息技术可以开展跨时空的协同合作，共同解决问题；同时网络中海量的信息为问题解决提供了丰富的可参考的资料。在课程整合时，针对那些比较复杂的或者跨学科、跨领域的问题，经教师合理的设计，让学生在信息化的环境中去协同完成，这不仅能达成学科的知识目标，还能锻炼学生解决问题的能力和与人合作的能力。

8.情境激励方法

学科教学的成功与否，很大程度上取决于学生对本门学科的兴趣，首先就要解决学生想学、爱学的问题。情境激励方法，就是通过信息技术与课程整合来创设教学情境，开展课堂智力激励，要求学生面对问题情境积极设想解决问题的各种可能性。同时通过增进师生的情感交流等有效手段，引发学习动机，使学生积极主动参与新知识的学习，极大地激发学生探索和发现的热情。

9.寓教于乐方法

在学科教学中，利用计算机教学游戏软件，把科学性、趣味性、教育性集为一体，能够激发学生的学习兴趣，寓教于乐，由此锻炼学生的反应速度、决策能力和操作能力，使学生在愉悦的情境下，以丰富的想象、牢固的记忆、灵活的思维获得学习的成功。此外，利用多媒体技术，开展艺术欣赏、制作比赛、学生作品展示等活动，也能激发学生的学习热情，有助于掌握知识、发展能力、培养创新意识、提高创新能力。

10.创设虚拟环境方法

创设虚拟环境方法是指利用多媒体技术、网络技术、计算机技术，为学生创设一个充分发挥自己想象力或可动手模拟实验操作的虚拟环境，进而激发学生学习热情、提升实践能力的方法。有些学科的实践内容，由于受到种种条件的限制，不可能让学生亲临其境。通过信息技术，可以给学生呈现出一个真实的或者虚拟的学习环境，让学习者真正在其中体验，学会在环境中主动、积极地建构自己的学习经验。另外，还可以演示某些实验现象，向学生展示教学实践的过程和方法，帮助学生理解所学的知识。同时模拟动态的变化过程，通过模拟实践使学生尽快把握实践要领和具体操作方法，让学生通过模拟操作，尽快掌握操作要领。

二、高校教师对教育技术的应用

（一）网络教学

1.网络教学的主要形式

比起传统教学的集体授课形式，网络教学具有很大的灵活性，它不要求教师和学生都同时在同一地点，在不同的时间、不同的地点，只要具备了网络教学的条件，都可以实施网络教学。一般而言，网络教学主要有以下教学形式。

（1）网上集体教学。在网络教学中也会采用集体授课的形式，主要是针对重点和难点知识的学习，这时进行集体教学是很有必要的。这种形式运用了网络中的一点对多点的广播功能，利用网络直播教师的教学活动对学生进行网上集体授课。

（2）个别化学习。这是网络教学中最主要的形式。学生通过教师在网上提供的课件、教学视频和学习资料进行自主的个别化学习。学生可以根据自己的具体情况有选择、有重点地进行学习，这种方式能有效地实现学生个性的发展，把学习的主动权和控制权交还给学生。

（3）混合教学。通过网络和面对面的混合形式来开展教学，有相当一部分的课程内容通过网络进行教学，将在线讨论与面对面讨论相结合。

2. 网络课程的教学设计

"教育"是一个复杂的、动态的系统，它是由教育目的、教育内容、教育媒体、教学方法、教学设施及教师、学生、管理人员等诸多因素组成的一个有机整体。只有用系统科学的观念与方法，对教育的各个部分进行整体考虑，对教与学的过程进行整体设计，才能实现教学的最优化。教学设计是应用系统的方法分析教学问题，确定教学目标，建立解决问题的步骤，选择相应的教学策略和教学媒体，最后分析评价其结果的决策过程与操作过程。教学设计是教学目的的具体预演，在整个教学过程中发挥前导和定向功能，直接决定着教学过程和教学效果的优化与否。在进行教学设计时，要突出网络学习的自主性，强调教学资源是用来支持学习的，重视学习需求分析、教学目标分析、教学内容分析、学习效果的评价与反馈及交流，尤其注重基于网络的学习情境创设和教与学策略设计。适用于网络教学的教的策略有抛锚策略、支架式策略、十字交叉形策略、建模策略、教练策略、合作学习策略、小组评价策略和反思策略；学的策略有认知策略、元认知策略、资源管理策略，尤其不能忽略资源管理策略。

（二）远程教育

1. 远程教育的构成要素

远程教育系统的内部由多个具有一定层次结构和特定功能的子系统和要素组成，这些组成部分相互关联、相互制约、相互作用，共同实现系统的总体功能和目标。1981年，凯依（Kay）和鲁姆博尔（Rumble）提出远程教育系统的结构主要包括四个子系统：课程子系统、学生子系统、管理子系统和后勤子系统。

美国远程教育专家迈克尔·穆尔（Michael G. Moore）是国际远程教育界著名的理论家和实践家，他在1996年提出的远程教育系统构成与我们当前的远程教育发展比较吻合。

（1）课程来源。提供远程教育的机构或单位，在决定开设课程时通常需要考虑许多因素，包括其教育使命、学生的需求与特点、机构特性、哲学理念、教师的研究领域或专长等。

（2）设计。远程教育课程的产生会涉及许多设计专家，如学科专家、具有教学设计专长及媒体技术专业知识的人员等。这些专家需在课程目标、学生的作业与活动、教材的版面设计、教学资源的内容及互动过程的问题设计等方面达成共识，共同设计课程。

（3）发送。课程设计完成后就需要用到某些技术作为传送教学与师生沟通的桥梁，包括邮政系统、广播电视、电话、卫星、有线电视、计算机网络等软硬件设备，以及运作这些技术的机构与人员等资源。

（4）互动。远程课程设计者依据学生人数安排授课教师、辅导教师或助教，并针对教材内容与学习活动来进行师生之间、学习者之间、学习者与教材之间、学习者与媒体技术接口之间的互动。这种互动包括同步与异步的沟通。

（5）学习环境。远程学习者的学习时间与场所不定，有可能是在工作地点，也有可能是在家里、教室、社区、各地学习中心等，这就使得学习更具有挑战性。有时干扰因素太多，学习容易中断，因此远程教育机构必须善用技术提供支持，远程学习者也必须不断吸收学习技巧、改变学习习惯，以成为有效率的远程学习者。

2.现代远程教育的分类

（1）按实施的机构划分。

①政府远程培训机构。政府创建的远程培训机构，在硬件和软件上都有较大的投入，长期聘用专职工作人员进行教学和管理工作，可提供包括高等教育、中等教育、继续教育和远程培训等各种层次的课程。这些专职人员不但负责远程课程的开发，而且为学生的远程学习提供双向通信和支持服务。建立于1939年的法国国家远程教育中心和1946年劳厄·哈图（Lower Hutt）建立的新西兰开放工学

院是两个典型的例子。它们已经存在了几十年，每年有几十万学生参加培训，在欧洲尤其在法国和新西兰，保持有一定的市场。

②普通高等院校中的远程教育部门。这一模式多数应用于芬兰、瑞典和法国。在英国，也有约100所高校提供远程教育课程，与英国开放大学争夺远程教育市场。美国和澳大利亚的许多普通高校也在使用互联网为学习者提供远程教育课程。

③私立远程培训机构。在欧洲和世界各地，私立院校开展远程教学已有150多年的历史，这类远程教育中的学生一般通过邮件、电话和电子邮件与学校代表进行沟通和交流。德斯蒙德·基更（Desmond Keegan）认为私立远程培训机构在最近20年中仍很少应用新技术，在芬兰、挪威、瑞典和法国等一些发达国家越来越少地被学习者接受，正在迅速丧失市场。

（2）按信息交流的时效性划分。

①实时交流方式。这种交流方式也称为同步交流方式，主要包括交互电视、远程会议、计算机会议、网上交流等，表现为师生双方同时处在同一个教学过程中，可以"面对面"地交流信息。其优势在于教师能够及时地给予学习上的指导，减少学生的学习困难，提高学习效率和学习积极性，但学生却难以根据个人的情况选择学习内容和进度。

②非实时交流方式。非实时交流方式也称异步交流方式，主要包括网络课程、E-mail、留言板等，表现为师生双方并非同时处在同一教学过程中，双方互相发出的信息并未即刻被感知，通常被感知的时间落后于信息发出的时间，也就是说师生之间的交流和沟通不是同步的。这种方式具有很大的灵活性，学生可以根据自己的时间和兴趣来选择学习的内容和速度，有利于学生个性发展，但影响学习效率。

第三章

数字化视域下高校教师教学能力的认知

第一节　数字化视域下高校教师的定位转变

一、数字化视域下高等教育教与学的转变

（一）数字化视域下的教育变革

当今社会，最明显的特征就是大数据应用技术和信息化手段已经成为社会生产力发展的主要推动力。在国民素质教育提升过程中，对于大数据信息处理技术和互联网技术的培养格外重视。国家信息化建设的基础条件就是培养大数据信息化人才。百年大计，教育为本。大数据信息化人才培养的前提是教育信息化改革。目前，高等教育改革的重点在于如何深化大数据信息化教学改革的方式、方法、手段和成果。这也是未来一段时间内高等教育持续发展的必要措施和手段，已经得到了政府和社会各界的高度重视和大力支持。

当大数据信息技术进入高等教育领域后，对学校的人才培养模式、教育教学理念、教育教学方法、教育教学的内容和具体的活动等多方面都产生了深远的影响，并使其发生了重大的变化，促进了高等教育改革的深入探索和历史性的变化。当大数据技术在教育领域不断应用时，高等教育的形式和学生学习的模式也随之发生了重大的变革，更深刻影响了中国高等教育的理念、思维、内容和方式，最终促进了教育体系内涵式变革。

1. 教学模式民主化改革

在数字化视域下，利用现代化信息技术和互联网技术，学生可以非常轻松

地得到各个领域、各个方面的大量数据信息。学生可以在这些数据信息中了解世界、学习专业知识、思考职业发展等。在这个自主性学习过程中，与传统的课堂教学模式相比，高校教师的参与程度和重视程度都不同程度地降低了。高校教师在学术上的权威性、教学活动中的掌控性都受到了影响。学生更愿意获得尊重和鼓励，更愿意主动地学习自己感兴趣的内容，更愿意从自身特点出发分析和整理学习内容，积极主动思考自己发现的问题。这样的转变充分地体现了教育模式的民主性。所以，在数字化视域下高等教育中的教育发生了民主的变化，高校教师也要利用信息来武装自己，顺应教学的改革趋势。

2. 教学技术现代化

在高等教育教学改革的演变过程中，往往是因为在现实的教育活动中出现了问题或者人才的得利者对教学对象提出了更高的要求，人们才开始产生教学改革的意愿和具体改革方向。很明显地能够看到，在数字化视域下社会的发展和被培养的学生们因为现代化信息技术的影响，而提出了对教学活动的改革需求。能够满足这一需求的就是数字化视域下的信息技术。对于此，教育学家、教育工作者、学生和社会公众等都无比坚信数字化视域下的信息技术能够满足大家对人才培养的新要求，依靠大数据信息技术能够切实实现高等教育改革目标。

数字化视域下的教学改革核心是发展民主式的教学改革，也就是让学生告别传统的被动接受知识的学习方式，转而发自内心、积极主动对知识产生获取的需求。大数据信息技术在高等教育活动中的应用和发展，使学生主动的学习和自由的探索创造得以实现。在这个改革创新的过程中，高校教师应该发挥其学术专家的作用，积极尝试用现代化信息技术带来的创新的教学模式引导、协助和规范学生的自主学习过程。

在高等教育利用现代化信息技术改革的过程中，必须清楚地认识到其变革的根本是高校教学管理者和授课教师的教育理念的改变，是数字化视域下的科技创新、信息创新的观念对教学体系重新梳理和提高的过程。为了使这一教育创新改革得以实现，教师是关键因素。数字化视域下的现代化信息技术不会自觉地融入学科教育活动中，不会自动地、科学地、有效地促进教学活动的发展，更不会主动地创造教育教学的奇迹。无论是行之有效的教学方法，还是神奇的科学技术，没有教师的合理运用和创新探索，一切奇迹都不会发生。所以，要创新实践教学改革，必须从教师的教育理念、教学设计、教学实践和教学反馈等多方面进行转变和更新，要求高校教师必须具备数字化视域下的教学能力。

（二）数字化视域下的学习变革

在数字化视域下，作为高等教育客体的学生也从内而外发生了巨大变化，即学习活动的变革。

1.数字化视域下的大学生可以获得更加丰富的学习资源

现在的大学生已经习惯了信息搜索的方式，就是遇到问题问百度，百度没有答案的话，还有许许多多的网络信息铺天盖地地涌现出来。最明显的标志就是互联网将散落各处的信息串联起来，给予我们越来越多的数据信息。在专业建设和学术推广方面，各大高校和数据处理公司做了各种各样的视频形式或音频形式的微课或慕课等新形式的网络课程，并实现了有效的公开和推广。数字化视域下教育资源的丰富和精细化，不仅为当代的大学生提供了可以根据自己的爱好和兴趣来选择课程自学的平台，还通过加强教学资源的趣味性和针对性来提高大学生学习的效果。

2.数字化视域下的大学生的学习模式更加自由

传统的高校象牙塔般的学习生活是"两耳不闻窗外事，一心只读圣贤书"的样子，同学们必须根据教师要求达到上课不迟到、不早退，认真听讲，写好笔记等教学标准。在数字化视域下的教学发展中，大学生将不再受传统的课堂教学要求约束。得益于互联网的普及和现代化信息技术的发展，形式多样的网络课程层出不穷，教师讲授的课程资源也可以在课程网站上获取，有疑问时通过由任课教师与学生们组成的QQ群或者微信群直接向老师寻求帮助。在这样的大数据环境中，大学生们可以更加自由地支配学习时间，并获得和以往课堂教学模式同样甚至更好的学习效果。

大学生只要产生了学习的欲望，就可以打破时间和空间的界限，随时随地开始自由的学习活动。这种自由的学习模式将会发展成为未来高等教育教学工作的主流模式。

3.数字化视域下的大学生急需资源选择和鉴别的能力

数字化为大学生提供了丰富的、多元的学习资源，大学生也相应地拥有了较强的学习自主性。学生可以在很短的时间内找到自己可能感兴趣的大量学习资源，但会出现无法鉴别其真假，更难以判断其是否为适合自己的学习资源的情况，也会苦恼于学某一领域的具体什么课程和学谁主讲的课程等一系列问题。这种自由的学习模式无形中造成了选择困难，一旦选择不合适的学习资源还会浪费其宝贵的学习时间，或者选择了错误的信息资源还会对大学生造成专业理论体系的认识混乱。通过部分课程的网络教学实践，可以看出我们的学生尚处在无法合理、科学规划自由学习时间和内容的阶段。因此，面对数字化视域下的自由学习模式，学生必须能够独立思考或者在教师的协助下辨别所获取的信息的真假，以此来促进学习效果的提升。

二、数字化视域下对高校教师教学能力提出的新要求

当前的高校教师面对数字化视域下教学模式、教学内容、教学方法和综合素质等多方面的变化，其所具备的传统教学能力显然已经不能够应对自如了。换言之，高校教师必须具备数字化的教学能力。但是，这并不是对传统教学能力的完全抛弃，而是对其进行积极的历史性的继承。传统的教学能力和数字化的教学能力的基础都是一样的，都应该在课前对教学对象进行详细的分析，对教学内容进行科学的设计，对教学媒介进行有效的利用，对教学计划进行可操作的设计等。但是，传统的教学能力和数字化的教学能力也有不同之处，后者是结合数字化的特点和新要求而对前者进行不断的革新和发展。高校教师必须积极面对数字化视域下对自己的教学能力提出的新要求。

面对新时代的变化和发展，作为科学知识的传承者，高校教师必须率先发自内心地认同这种改革和变化的重要性，形成互联网+教育的全新教学理念。在此基础上，高校教师才能够积极主动地转变教学思路和教学设计手段。一些人认为"网络技术"和"网络产品"就是破坏课程教学效果的"毒瘤"，必须在从教学设计开始的教学活动全过程中剔除所有网络元素，这样的想法很明显是偏颇的、狭隘的。数字化视域下的高校教师对网络和网络技术及其衍生产品应有一个正确客观的认识，树立科学的网络应用观念。网络的确对学生的学习有一定负面影响，但是不能否定信息化教学内容和网络技术对教学改革的促进作用和对课堂教学效率的提升作用。因此，在数字化的高等教育活动中，教师应该积极利用互联网技术和现代化信息技术，主动地将互联网元素融入教学过程中，进行更符合现代社会要求的高等教育活动。

（一）对高校教师的教学模式提出的新要求

所谓的教学模式是指在教学活动过程中，教师在确定教学内容、设计教学过程、选择使用教材等教学活动中所实施的范式。还有部分教育学家认为教学模

式是教师在所认可的教学理念和学习理论的指导下，充分利用所处的教学环境和所具备的资源条件，科学地设计教学过程中的各个环节和各个因素之间的稳定关系，合理地组织教学活动流程的基本结构。众所周知，高校教师设计的教学模式一定对教学质量产生深刻的影响。在数字化视域下，传统的教学模式显然无法满足教学的需要、受教育对象的要求了。因此，数字化对高校教师提出了应该改变教学模式的要求，要对教学模式进行大刀阔斧的改革，要能够适应突破时间和空间限制的交互式学习方式。在新的教学模式中，高校教师必须清醒地认识到学生在教学活动中的主体位置，必须要求学生积极参与到整个教学活动和线上或线下的研讨中。相信在未来的数字化视域里，信息化技术和互联网普及程度的不断开发和推广，会促进更多的教师投入教学改革、教学模式改革的研究热潮中。

通过互联网+教育所提供的数字化视域下的教学新平台，信息化交流达到了空前高潮的水平。由于信息化内容的交流受不到高校所在地理范畴和教师所采用的教材的影响，所以作为教学内容的设计者应该丰富自己的知识储备，丰富学生的学习选择性。每一名教师都需要投入更大的精力，并具备激发学生学习兴趣的教学能力。对高校教师来说，教学资料的收集工作不是不容易，而是需要教师在本专业的专业领域精益求精之外，能够吸取更多新的知识作为现有知识的补充，这样才能更好地提出教学质量和能力。

在过去的传统教学活动中，不论是中小学还是高校都是教师和学生集中在一个教室里，教师统一教学，学生一起学习。在这种情况下，突出的是以教师为主导的教学过程，这在沟通媒介不发达的时代里是一种利用率非常高的、高效的知识讲授的方式。显然，数字化视域下这样的填鸭式的教学活动已经过时了。在互联网+教学的背景下，如何利用视频、动画和互联网等媒介实现更加全方位、立体化和人性化的教学活动是高校教师应该积极探索的问题。

在数字化的高校教育活动中学生的被动地位得到了彻底的转变，大数据的出现让学生的学习主动性得到了满足。学生可以根据自己的兴趣完成知识的学习过程。这就要求高校教师必须把教学重心从课堂教授的过程向教学活动设计、组织和控制方面过渡。因为大数据和互联网的出现，学生对信息和数据的掌握导致了在课堂上教师的掌控能力面临着威胁。学生的独立学习能力决定了现在的高校学生在接受教师的理论讲授和技术指导时已经不会像以往那样绝对依赖教师了。当然，学生的自主学习是不够系统、不成体系的，通过视频和动画的方式学习到的知识也非常容易被遗忘。所以，在数字化视域下的高校教育中，教师应该充分利用视频、动画和互联网等现代化信息技术来设计更新的教学方式，鼓励学生的参与、线上或线下的随时互动、答疑解惑等。除此之外，还要求教师重视学生的个体差异，为学生提供个性化的课程体系。

（二）对高校教师的现代化信息技术提出的新要求

在传统的认知中，教师必须具备教学活动的设计、控制和评价的能力。在数字化视域下，在此基础上教师应把信息化技术与传统课程教学进行充分融合。换言之，高校教师应该具备一定的基本的信息化技术。比如，高校教师要掌握制作多媒体课件的技术，要能够正确地使用计算机办公软件，要会在教学资源中插入网络视频链接等多种教学活动中应用的常规信息技术。目前，高校的信息化教学改革活动越来越广泛，可以利用和使用的新技术越来越丰富。微课、慕课、翻转课堂等新型教学模式的使用，教学数据的处理分析，网络资源的整合再现，新型媒介的应用等，都对教师现有的教学设计能力提出了新要求。由此可见，高校教师不仅要掌握现代化信息技术，还应该具备敏锐的洞察力，能够对信息化教学技术的新动态具有一定触觉，要求其主动地提升自己的信息技术，不断学习、掌握最新的信息技术。

尽管我们对互联网的研究和开发已经取得了一定的成效，但是大数据的基础相对于西方发达国家来说还是比较薄弱的，所以教师在高校教学过程中对于大数据技术的应用还是存在一定的难度的。在高校教育活动中，教师面对海量的大数据时，应该掌握大数据应用技术中的数据存储技术和处理技术、大数据收集和分析技术、对数据的统一和编码技术，以及对数据的结果有效分析的技术。高校教育层次的高要求使教师对大数据应用技术可以得到有效实践。

（三）对高校教师的综合信息素养的新要求

1. 数字化视域下对高校教师的大数据信息素养要求更高

高校教师的大数据信息素养就是对大数据信息的延续和扩大，具体就是对信息的收集、处理和分析的能力，在数字化视域下，对高校教师的信息应用技术也应该有一定的新要求。

数字化视域下的高等教育活动，一方面要求教师要能够使用现代化信息技术记录相应教学活动，表现出来的是对大数据的收集能力，即对与课程有关的数据的高要求；另一方面，要求教师能够从海量的信息中提取所需数据，并分析其有用性和存在的价值等。高校教师应该努力提升自己的大数据信息素养。

2．数字化视域下对高校教师信息安全性非常关注

因为互联网时代信息的共享性越来越高，所以高校教师在将自己的学术成果、课程资源和授课录像等上传开展网络教学或者配合线下的教学活动完成课后答题等情况下必须关注信息安全。《促进大数据发展行动纲要》中明确提出应健全大数据安全保障体系，强化安全支撑。目前，高校教学工作在数据应用方面仍存在比较明显的一些隐患。比如：缺乏隐私及伦理道德规范的政策法规指导；大数据在不同场景被应用的时候所设置的访问权限缺乏相应的数据范围；对于海量的大数据信息的上传渠道无法做到一一鉴别，其真实性亟待加强等。

三、数字化视域下高校教师角色的转变及发展趋势

（一）数字化视域下高校教师角色的转变

教师的角色是教师的具体的岗位职责、明确的教学任务以及在与学生相处过程中体现的方式和关系。高校教师的角色不仅是社会群体对高校教师的地位认可、教学行为的评价和要求，还包括教师自己对其教师身份、行为的认知和期望。在数字化视域下原来象牙塔里神秘的大学教师的形象、工作方式、社会要求、与学生相处的方式等方面都由于信息技术的发展和互联网的普及而发生了重大的变化，所以数字化视域下的高校教师的角色也应顺应时代要求发生转变。

1．数字化视域下高校教师工作方式的转变

（1）数字化视域下高校教师要在工作中充分利用现代信息技术。数字化对高等教育所产生深刻的影响是以大数据技术革新、信息资源共享的方式来实现的。这些影响促使高校教师改变了教学方式，创新了许多工作手段。比如，目前很多高校都通过手机、平板电脑等移动智能终端作为教学工具开展课堂互动，将教学课件、教学资料等上传之后，学生就可以不再依赖教材和去图书馆查阅资料、课堂气氛活跃、教学内容丰富、教学方法多样等效果非常明显；还有一些高校直接利用弹幕进行课堂教学，当教师发布问题之后，学生可以利用手机、平板电脑等移动智能终端将自己的答案发布在教学屏幕上，实现课堂上的趣味性交流，也有效地活跃了课堂氛围，促进了师生互动。

（2）数字化视域下高校教师的教学内容和方式发生了改变。在当前环境下，告别了传统的黑板、粉笔和一般教材的教学模式，高校教师尝试或者必须使用电子文本、声音、图片或者视频等媒介作为教学内容传递的主要载体。这样的

转变也给高校教师提供了非常大的发展和创新的空间，高校教师应尽可能发挥想象力，利用各种现代化信息技术，重新设计教学方案，将讲授的知识和技能用更加生动的表现方式给学生呈现出来。数字化视域下的高校教学过程突出表现的就是这种表达方式的感染力和影响力。由此可见，高校教师的工作并不是单纯地将知识和技能进行结构分解，有效地传授给学生，而是发挥更大的创造力，使用大量数据信息和最新的多媒体技术来改革教学过程、教学方式和教学内容等。以目前许多高校都已经有效实施的翻转课堂为例子来说明数字化视域下高校教师工作方式具体的转变过程和实施情况。所谓的翻转课堂，是要求学生首先根据老师的要求通过互联网获取某一主题相关的信息资料，与同伴组成学习小组进行积极的交流，然后在上课的时候充分利用时间与老师进行交流和讨论、在老师指导下积极地练习和训练。在这样的模式中，学生原有的在课堂上同时进行的学与做活动被分解为获取知识和掌握吸收两个独立的阶段。这样的分解充分发挥了学生对知识学习的主动性，也提高了学习效率。使用了这种教学方式后，高校教师也改变了固有的工作模式，教师要把传统的按照教学计划将知识点一一讲授的方式转变为布置授课任务、组织学生小组讨论、检验学生研究成果、解决个别学习问题、布置章节练习等。在教学活动结束后，高校教师也不再是单纯的个体备课，而是将授课任务制作成微课视频和学生的学习计划。

（3）数字化视域下高校教师与学生沟通的方式发生了改变。在数字化视域下，人与人的沟通方式已经发生了翻天覆地的变化，打破了时间和空间的阻隔，实现了及时的、多角度的、全内容的交流。在互联网技术、智能移动终端和计算机程序等现代信息技术共同努力下为人类搭建的交流平台上，教师与学生的沟通也更加便利、便捷和有效了。教师可以利用网络技术和云储存技术将有关课程的教学日历、课件、习题等资料与学生共享，帮助学生完成学习计划、为学生布置学习作业、解决学生的疑问等；教师可以利用腾讯QQ、微信、微博、公众号等载体进行交流互动，了解学生的思想动态，帮助解决学生成长中的问题，成为学生们的知心朋友；教师可以通过教学评价系统了解学生对讲授课程的看法和意见，并以此对自己的课程进行进一步的教学调整。简而言之，在数字化视域下中高校教师在学生眼中再也不是高不可攀的形象而变得非常的亲密。通过多种交流媒介的应用，高校师生之间的沟通变得十分多元，并且对课堂教学起到了积极的促进作用。

2.数字化视域下高校教师承受更多来自社会公众的期待

传统的高校教学模式在课堂设置、教学目标、教学内容设计和教授方式等方面都有统一的设定。因此，社会公众也按照传道、授业、解惑的标准要求老师把自己的专业知识、技术经验、意识形态灌输给学生。此时，高校教师的工作内容就是将专业知识进行复制和传输。但是，人们获取信息的方式非常多元和便利，对教师的期望也不再是单纯的知识灌输，而是发挥学生的想象思维，创造更多的可能性。

在这样的大数据背景下，社会公众更加期待高校教师应该以学生为主体，协助其完成知识的获取，并进一步指导学生综合利用这些信息进行某一知识领域的探索。高校教师需要利用互联网和软件程序与学生实现即时灵活的沟通，更便于对学生在学习过程中出现的疑问进行解答和指导，帮助学生更好地理解和更深刻地掌握所学知识。教师综合学生的课堂表现和课后学习活跃性给予学生全面的评价，对于学生的进步要明确鼓励，让学生更深刻地理解学习的意义和本专业的价值。另外，互联网技术和现代化信息手段为高校学生提供了丰富的学习资源和便利的学习环境，但是对存在的问题也绝对不能够忽视。网络的便捷性使学生随时随地都可以展开某一问题的信息收集。那么，这种信息的了解和思考都是在某一时间节点发生的，学生的学习时间过于分散。同时，学生收集信息的关键词和主要目的也不尽相同，获取的信息更多的时候表现为分散而凌乱的，无法形成知识体系。过多零散的知识突然出现在学生学习的某一个节点上，学生没有能力进行整体的思考，更无法实现更深层次的学习。与此同时，还应考虑学生的自治性和自律性。虽然我们探讨的是数字化视域下高校教师的教学能力改革问题，面对的教学对象已经超过了18周岁，是法定意义上的成年人。但是，网络成瘾的问题并不是单纯地受到年龄控制的，所以，对于这样的自由的学习形式，必须从教师的角度加以督导和监管。

在学生的学习过程中，学生要抵御各种来自互联网的娱乐吸引，坚持持续的、计划的学习。还有一点需要社会和学校注意，在数字化视域下对于信息的鉴别是一种应该具备的能力，学生必须能够独立思考或者在教师的协助下辨别所获取的信息的真假，以此来促进学习效果。面对这些由于现代化的信息技术和互联网技术融入高等教育而产生的问题，社会公众更愿意将解决这一问题的任务交给教师。或者更简单点说，人们更愿意相信教师能够起到规范和约束学生利用大数据和互联网来进行学习的行为。正因如此，高校教师应该在教学活动开展之前，充分了解信息之间的关系，并按照其难易程度、主次关系来整合知识点；教师还应该时刻关注现代化信息技术和互联网科技的发展、学科相关的最新的数据特点，以便用最新的技术和数据调整教学内容，保证教学活动的时效性；除此之外，教师还应重视对学生学习过程和学习效果的评价工作，协助学生了解自己的学习进度和学习情况，以便找到问题，提出解决问题的方法，进而有效地督促学生更好地完成下一步的学习工作。

3. 大数据使高校教师与学生的关系更加亲密

互联网科技为我们带来了多种沟通方式和交往手段，比如，教师可以根据教学内容的讲授情况，进行课后辅导和问题答疑；可以了解学生关心的问题和新闻，在下一次课上进行交流；可以在专业领域、职业生涯规划方面做学生的知心人，予以一定帮助和解答。在课堂上古板权威的教师形象将会被弱化，积极主动、思维活跃的学生的新形象就此产生了。教师不再那么依赖教材，学生也可以通过多种途径了解更多的本专业知识和信息。在这种自由、和谐、合作关系中，学生可以获得更加有利于个性发展的方式。

（二）数字化视域下高校教师角色的发展趋势

综上所述，高校教师的工作方式、社会公众对其角色的定义和看法、与学生之间的关系都因为大数据的出现和信息技术的发展而发生了翻天覆地的变化。这些变化主要集中在教师对学生学习过程的干预、数据信息资源的使用、学习活动的设计、与学生沟通交流的内容和方法等方面。在数字化视域下，高校教师除了保持传统的教育者、文化传播者和智力开发者的身份之外，更是把主导学生学习转变为引导学生学习，把传递数据资源改为整合数据资源，把组织学习过程转变为协调学习过程，把对学生学科教育之外的指导转变为平等的咨询活动。因此，数字化视域下的高校教师角色主要体现为以下九大类。

1. 教育者

高校教师，首先是教书育人者，是承担高校教学活动的主体，也是主导师生关系发展的主要一方。为了实现高等教育对社会发展提供所需人才的目的，高校教师应根据人才培养目标设计教学内容、规划教学过程、创新教学方法，并在教学活动实施的过程中以言传身教的方式影响学生的道德情操和行为准则。所以，高校教师首先应该明确教育者的身份，树立具有良好的师德师风的社会形象。

2.文化的传播者

教育活动本身就是文化发展和创新的源泉。教师作为教育者的同时，也相应地具备了将其所了解的专业文化知识进行传播的功能。如果没有文化传播和传承的必要，教育者的存在就没有任何意义了。在课堂上，学生用最短时间，最直接、最有效的方式从教师那里获取文化知识。教师在这一传递过程中利用启发、讲解、评价的方式促进学生实现对文化知识的自我消化和再创造。因此，教师在明确自身教育者的身份的同时，还应做好文化传播的工作。

3.智力的开发者

不同于中小学教育，高等教育的内容除了专业知识信息的传递之外，还包括对学生在专业领域的智力开发、解决专业难题的能力培养和对本专业的思考和探索能力等。换言之，高校教师应该在保证基础理论知识和技能的教学效果之外，通过激发和引导的教学方式，让学生对学科领域的拓展知识、延伸技能、创新理论产生兴趣和热情，继而产生对学科继续研究的钻研精神、探索精神和创造能力。在针对学生智力开发的过程中，高校教师应积极探索和创造更适合的教学环境和条件，尝试多种教学方法和获取丰富的教学资源，以达到开发学生智力、促进学科发展的目的。

4.信息资源的整合者

数字化视域下，互联网已经成为现代人获取知识和信息的主要渠道。当我们想要了解某一知识点或者解决某一问题的时候，无论是学生还是一般的社会人都不再是翻阅字典、查询专业书籍或者求教专家，而是打开计算机或者手机进行网络信息搜索。但是，我们也应该清楚地知道互联网世界里的大量信息都是杂乱无章、毫无头绪的状态，还有不少虚假、错误信息掺杂其中。如果未经整理和鉴别，学生仅凭一己之力进行数据的收集和整理的话，其学习效果可想而知。所以，在采用现代化信息技术进行教学改革的时候，教师必须在学生课前信息收集、自主学习的阶段对网络信息进行必要的鉴别和整理，形成与本专业理论体系一致的信息资源库，帮助学生建构学习框架和学习路径。高校教师针对本专业教学资源进行信息整理的时候，应该注意不同知识点之间的逻辑关系，以及信息更新的速度和时效性。同时，教师还应在课程资源库中体现学生接受知识的难易程度，让学生在不同的学习阶段了解自身的学习程度、存在的问题和未来发展的方向。

5.学生自学的引导者

在数字化视域下，现代信息化技术对于我们的工作方式和学习手段都产生了巨大的影响。高校教师在教学过程中也纷纷开展多种多样的教学改革尝试，出现了慕课、翻转课堂和课程资源库等利用网络进行线上和线下学习的模式。在这些创新的教学模式中，利用互联网进行课前自学和课后拓展学习的学生越来越多。当然其中一部分是教师教学的需要。不管原因如何，在数字化视域下学生自主学习的积极性明显加强，相应地，教师对学生学习过程的控制力也在明显减弱。但是，自学并不是自由的学习，也不一定是有效率的学习。尽管已经是大学生了，学生在自学过程中也可能遇到知识体系和逻辑关系的混乱情况。所以，教师应该引导学生设立学习目标，为学生创造合适的学习条件，给予鼓励和支持。在这个时候，高校教师就是学生的导师，引导其实施规范化的自主学习。

（1）引导学生树立合理的学习目标。合理的学习目标是学生在学习过程中努力的方向。如果学习目标制定得过高，就会影响学生的学习积极性，从而会降低学习成效。所以，高校教师应该帮助学生根据自己的基础情况设定合理的学习目标，并帮助其整理学习的信息，激发起学习的兴趣

（2）引导学生组成学习团队。俗话说，三个臭皮匠顶一个诸葛亮。在进行创意活动的时候，我们往往采用德尔菲法或者头脑风暴的方法来依靠集体智慧促进技术的创新。在学生进行自主学习的过程中，教师应该引导他们组成学习团队，协助他们分工协作，并激励他们发挥个人所长完成学习任务。这样的自主学习方式可以解决个人独立学习过程中可能遇到的钻牛角尖或者学习任务重等问题，也更利于对知识的探索和创新。

（3）引导学生主动发问。在自主学习的过程中，学生难免会遇到知识的盲点或者对所学知识理解的误区等问题。这个时候，部分学生会选择自己思考解决，结果往往是无法解决问题或者降低了学习的效率。所以，高校教师应该积极引导学生在自学过程中按照正确的路线进行学习，并在遇到阻碍的时候主动发问，顺利完成学习内容。

6.团队学习的参与者

由于目前互联网提供的信息交流的便利性和开放性，学生在学习团队实践的过程中，团队成员之间不必实现物理性质的见面，往往可以以互联网为媒介展开协作和交流。教师应该参与其中，以行业专家的身份对学生们的学习活动给予指

导或者引导其针对重要理论和观点展开讨论，更好地实现学习目标。另外，在整个学习过程中，高校教师适时地出现，给予学生反馈、鼓励，都可以很好地引导学生完成学生任务。所以，在学习团队的自主学习活动中，高校教师的组织和参与是实现团队协作的必备条件。

（1）引导学习团队确定合理目标。在参与学习团队的自学活动时，高校教师作为活动的组织者引导学生们确定合理的学习目标，并将这一目标分解，组织学生按照各自优势合理分工，完成每一阶段的具体目标。

（2）协助学习团队做好资源整理工作。在参与学习团队的学习过程中，高校教师作为信息资源的整合者，应该在学习活动开始之前，协助学生做好信息资源的收集、整理和鉴别等工作，为学习团队的自学活动提供必要的技术支持，创造科学的实践条件。

（3）规范学习团队的学习活动。在参与学习团队的学习过程中，高校教师针对出现的问题或者偏离学习目标的活动应该给予一定的忠告或一些建议，以便帮助学生能够更加科学、主动、合理、规范地完成学习任务。同时，高校教师在活动中有监督、控制和评价其学习过程的义务和任务，让学生更好地了解自身知识掌握情况和学习中的问题。

总而言之，高校教师在学习团队的自学过程中能够更好地保证学生学习过程的科学性、合理性和高效性，能够更加充分地利用大数据资源和信息技术协助学生完成学习任务。

7. 自学过程中的咨询顾问

数字化视域下所提倡的学习的主动性和协作性在学生的自学活动中全部都可以体现出来。学生通过和外界的沟通、合作的方式来获取知识，形成分析和研究的能力。对知识的整理、分析、应用的过程是真正的学习过程，让学生享受学习。在大数据信息技术的协助下，学生可以相对自由地规划自己的学习活动、掌握学习的进度，可以根据自己的爱好、特点和学习基础设计自学内容和选择适合自己的学习方式。在这个过程中，高校教师要给予学生充分的信任、尊重，不要过多地干涉。但是，当学生遇到问题和疑惑向教师咨询求助时，教师应该针对学生的特点、学科的特性、出现的问题等进行科学的指导和耐心的解答，成为学生学习过程的咨询顾问。

8. 教学方法的创新者

在数字化视域下的教育教学创新活动中，高校教师身为教育者，应该充分利用现代信息技术所带来的创新的教学方法来提升高等教育的教学效果，也为教学改革活动创造无限的可能性和改革空间。换言之，高校教师必须认识到创新教育是身为一名高校教师的岗位职责，成为教学方法的创新者和开拓者是一名高校教师的职业理想和努力方向。

高校教师与中小学教师的不同之处，就是其兼负教学工作和科研工作的双重岗位任务。在日常教学工作中，高校教师以科研改革的成果促进教学活动的前沿性，引领学生深入思考和探索本学科的发展；在日常的科研工作中，高校教师将大数据信息技术与教学活动中的思考和探索进行整合，从而推动专业学科的进步与发展，进一步将专业新成果再反作用于本职的教学工作。如此往复循环，既能够促进科研工作的进步，又能够创新教学工作方法和内容。

随着数字化的发展，高校教师对新技术、新科技的掌握情况，能够有效地决定其教学工作的效果，更能够促进其形成科学的教育理念、提升自身教学水平，创新教学方式。

9. 学生未来生活的规划者

通过上述分析可以看出，传统教育理念中高校教师的角色是教育者、文化的传播者和智力的开发者，到了数字化视域下，高校教师的身份更加多样化。

这时，高校教师成了一个信息资源的整合者、学生自学的引导者、团队学习的参与者、自学过程中的咨询顾问和教学方法的创新者。除此之外，由于师生关系呈现越发亲密的趋势，高校教师还逐渐表现出对学生未来生活具有一定的规划功能。高等教育本身就是创新的教育。在学生进入社会之前，在大学校园里从教师那里获取的知识和掌握的技能是学生在未来适应社会发展的坚实基础。通过教师在课堂教学活动中预测社会发展的前景，学生可以科学地预测将要参与的社会生产劳动，规划即将实现的生活模式，创造未来的无限可能性。

高校教师作为实践高校教学劳动的主体，其对学生的教育、科学研究的探索都起到至关重要的作用。因此，高校教师在实际的教学工作中往往还扮演着学生心理健康的指导员、学校与社会公关关系的公关经理等角色。在数字化视域下高等教育的发展中，相信高校教师还要承担更多的角色责任和任务。

第二节 数字化视域下高校教师教学能力提升的思想认识

一、数字化视域下高校教师对教学能力的思想认识

随着信息化教育的不断发展和更新，对高校教师的教学能力的发展提出了新的要求，尤其是对信息素养能力和终身教育能力的要求日益紧迫。在这样的大背景下，高校教师是否对数字化视域下高校教学能力的发展和变化有了正确的思想认识就变得尤为关键。只有高校教师发自内心、积极主动地更新教育理念、创新教学模式，采用各种现代化信息技术，才能够在数字化视域下提升自身教学能力，进而促进高校教学质量的提高。

（一）高校教师应转变其所在专业领域的发展观念

思想的认识是行为认识的本质，只有在思想上对专业领域发展的认识符合数字化的要求，高校教师才能够在行为上采取积极的学习态度，努力提升自身的教学能力，以适应新时代发展的趋势和高校发展建设的需要。因此，高校教师应转变其所在专业领域的发展观念，才能够正确认识专业发展的方向，并根据专业发展需求充实自己的专业知识、培养自己的大数据信息素养、提高现代化信息技术，进而促进专业实现科学化发展和学校高质量的发展。

在数字化视域的背景下，高校教师的角色从传统的知识讲授者转变为学生学习的引导者、合作者和探索者；高校教学模式从以教师为核心进行设计、实施、总结的过程转变为以学生为中心的自主预习、课堂互动、课后自学的线上与线下相结合的模式；教学方法从学生被动地接受教师讲解的专业内容转变为教师根据学生的需求设计教学场景，采用案例教学、启发式教学、理实一体化、MOOC、翻转课堂等多种教学方法相融合的主动式教学；教学内容从以文字与图片的展示方式为主的刻板教学内容转变为动画、音频、视频、模拟情境、小组讨论等生动

的、有趣的、互动的三维教学内容。面对这样的变化，高校教师必须从自身出发，转变其所在专业领域的发展观念，树立数字化视域下高校教师专业发展新观念，具体内涵如下。

1.终身学习观念

数字化视域下，现代化信息技术更新速度之快是人类无法想象的。科技的变化带动社会的进步，更是对教学发展提出了更高的要求。高校教师作为特殊的教师群体，其自身的成长关乎各个行业的发展。因此，高校教师必须树立终身学习的观念，要持续充实和完善自己。

2.发展观念

发展是解决一切问题的关键和方法。为满足数字化视域下对高校教师教学能力提出的新要求，教师必须树立发展观念，用发展的视角分析教学环境的变化、分析教学对象的特点、分析教学工作的改革。在数字化视域下，高校教师的职业定位、教学角色、教学方式、教学对象都在持续不断的变化中，只有树立发展的观念，高校教师才能够顺应时代的变化，顺势而为。

3.重视实践观念

实践是检验真理的唯一标准。一方面，高校教师在提升大数据教学能力的过程中通过外在培训和内在学习得到的一切关于信息素质、信息技术方面的知识和技能，都需要不断地实践才能够达到自身发展的目的。另一方面，数字化视域下高校教师重视对教学能力提出的新要求，进而产生提升教学能力的动机，其根本目的就是将教学成果转化为推动社会进步的实践力量，这也充分体现了实践出真知的道理。

（二）高校教师应制定提升教学能力的计划

提升教学能力的计划是基于教师对提升教学能力的主客观因素分析，明确自身发展教学能力的目标，并为了实现该目标而努力的全过程。为满足数字化对高校教师教学能力提出的新要求，高校教师必须从教育理念、教育方法、教学模式和教学内容等多角度重新认识高校教师的工作职责和工作内容，必须重视教学能力对职业生涯规划的影响，并做好发展个人教学能力的计划。因此，高校有责任和义务引导教师为了寻求更好的发展和实现自我存在的价值而制定提升教学能力的发展规划。

在个人对提升教学能力的相关因素详细分析的基础上，高校教师确定自我提升教学能力的目标，以此制定具体提升途径，并根据实施情况进行评估和调整。具体的提升教学能力的发展规划制定步骤如下。

1.相关因素分析

对影响高校教师教学能力发展的主观因素和客观因素进行分析，以此为依据确定自身教学能力发展的方向、实现的可能性。

2.确定能力提升目标

在相关因素分析的基础上，高校教师充分思考自我教学能力提升的目标，明确自己想要的知识结构，要达到的能力层次和技术水平等。

3.制定提升途径

为了协助高校教师实现教学能力提升的目标，高校为教师提供多种提升途径，让教师根据其个体的特点和发展意愿进行选择，进而在提升平台上形成具有个性化的教师教学能力提升系统。

4.提升途径的实施、评估和调整

著名的全面质量管理理论提出工作要按照计划实施，并在检查实施效果后提出调整后的新计划，进而解决实施过程中出现的质量问题。这是处理一般工作的PDCA循环规律。在针对高校教学质量的管理问题上，可以要求实施高校教师提升教学能力的发展规划之后，对实施的过程、结果进行评估和调整。

目前高校教师有关教学能力的发展规划方面的实践尚处于摸索阶段，每一名高校教师在走上工作岗位的时候都曾经想过在职称晋级方面或者行政管理级别上的发展，却少有思考自己对于教学工作的想法，能去思考自身教学能力发展规划的教师更是少之又少。没有明确的目标，就无法实现教学能力真正的提高。因此，站在高校长期发展角度，引导教师制定提升教学能力的发展规划是非常必要的举措。目前，高校可以采取师徒结对、名家讲坛等方式，邀请具有丰富教学经验和资历深厚的老教师与年轻教师教学相长，引导其看重教学能力，指导其对教学能力的发展和规划。这样，高校教师的教学能力发展才会更有目标性。

（三）高校教师应自觉完善自身知识结构

高校教师除了保持传统的教育者、文化传播者和智力开发者的身份之外，更将主导学生学习转变为引导学生学习，把传递数据资源改为整合数据资源，把组织学习过程转变为协调学习过程，把对学生学科教育之外的指导转变为平等的咨询活动。为实现这一角色的转化，高校教师不仅要有渊博的专业知识和深厚的教育学知识，还应具备扎实的教学能力和丰富的信息化教学经验。作为高校专业教师，掌握专业知识是其基本条件；拥有了教育学知识，可以应对数字化视域下学生的心理变化和需求。除此之外，在数字化视域下背景下，高校教师必须掌握现代化信息技术，并将其有效应用于教学改革的实践活动中。经过不断的尝试和反思，高校教师的数字化视域下教学能力才会得到不断的发展和积累。自觉完善自身知识结构，是不断发展高校教师数字化视域下教学能力的原动力，也是高校提升教学质量的根本有效途径。

（四）数字化视域下高校教师应持续实践教学改革活动

为满足数字化对自身教学能力提出的新要求，高校教师应着重培养大数据信息素养和学习现代化信息技术。这种教学能力的提升，始终是高校教师自身由内而外的主动性的变化，并在实践教学活动中得以实现。所以，促进高校教师教学能力持续发展的根本途径还是要教师不断地参与教学实践活动，以教学反思、课题研究等方式来实现提升教学能力的目标。

1.高校教师应重视教学反思

教学反思是在教学实践活动结束后，教师应该积极主动进行自我分析，发现问题，总结经验，以实现提升教学能力的目标。只有通过教学反思，高校教师才能够找到个人教学水平和教学能力中存在的问题，这是教学实践的真正价值。这种方法也是高校教师提升数字化视域下教学能力的最行之有效的方法。常见的教学反思手段有工作日志法、工作档案法、教育叙事等，也可以积极与同行、资深教师交流自己的教学反思、学习经验，改进不足。

2.高校教师应积极开展教学课题研究

高校教师的科研工作分为科学课题研究和教学课题研究。教学课题研究的立项根本就是针对教师实际的教学活动中出现的问题和实践的成果。教学课题研究与高校教师的教育教学实践有着紧密的联系，具有非常强的针对性和实践意义。一旦将这些教学课题研究的成果应用于指导教育教学的全过程，就可以促进教师的专业化和有效提升教师的教学能力。因此，高校教师自身就应积极开展教学课题研究，高校也应鼓励和组织教师支持或参加教育教学课题的研究工作。通过教学课题的研究，促进高校教师自发地思考自身教学过程中出现的问题，从而不断地培养高校教师的大数据信息素养，持续提升教师现代化信息教学能力。

二、影响数字化视域下高校教师教学能力提升的因素

数字化视域下的高校教师要能够收集、整理、分析、合理使用各种类型的数据信息，并将其转化成为促进教学改革的有效知识和技术能力。在数字化视域下，高等教育与现代化信息技术的创新融合就是要求负责教学工作的高校教师能够在教学改革活动中充分应用现代化信息技术来提升教学水平。综上所述，高校教师在提升高校教学质量的两条主线中都起到了关键性作用，既要具备大数据信息素养，又要掌握现代化信息技术。

（一）信息资源处理的因素

从教与学相互促进的角度看，高校教师只有具备了大数据信息素养和掌握了现代化信息技术，才能够培养学生的专业知识、实践技能、探索精神和创新意识，才能够保证教育教学的效果与人才培养的质量。国家的政策要求以及高校培养高素质复合型人才的使命对于高校教师而言是一种促使其提升教学能力的原动力，能调动起主动培养大数据信息素养和学习现代化信息技术的自觉性和积极性。

关于数字化的概念，美国最先提出了大数据研究和发展会开启一个新的时代，进而也对数字化视域下的教育教学能力开始了研究。在数字化视域下，利用现代信息技术从事教育教学研究不仅仅是单纯地收集、分析大量数据，而是利用科学、正确、合理处理数据的强大能力促进教学质量的提升。

我国针对高校数字化和信息化建设的研究虽然起步较晚，但是发展较快，研究成果也非常显著。针对影响数字化视域下高校教师教学能力提升的技术因素的研究集中在校园网络和教学资源的建设方面。从教育部发起高校数字化校园建设项目开始，到浙江大学提出建设智慧校园，我国的高校在覆盖教学、科研、宿舍之间的校园网络中逐渐形成新的高校生活景象。学生们可以在无所不在的网络里实现自己学习和科研的需要，获得高校的校园管理服务，感受到多姿多彩的校园文化，并可以拥有一个安全、稳定、环保、节能的高校生活。另外，教育部同时启动了校园精品课程和教学资源库的建设工程，充分利用高校优秀教师的精品课程、资源信息的教学成果和现代化信息技术，建设面向全国的专业共享资源。

（二）网络支持平台因素

为了满足数字化视域下对高校教师既要具备大数据信息素养又要掌握现代化信息技术的要求，高校教师需要以成功的教学案例和优秀的教学名师为借鉴，

以丰富的教学资源为课程补充，持续改进自己的教学实践，不断提升自身教学能力。但是，目前高校教师获取上述资源的渠道比较少，资源类型也非常有限。比如，高校教师在高校的官方网站上主要了解学校的发展情况，教学资源相对有限，直观形象的教学信息更是稀缺。相比国外一流大学的校园网络信息，高校教师可以拥有大量的教学视频和文档的下载权限，对于教学能力提升非常有帮助。因此，我国各大高校急需建立促进数字化视域下高校教师教学能力提升的网络支持平台。

在高校的管理工作中，对于高校教师来说，年底考核与职称晋级是非常重要的，进而可以看出教学工作和科研工作对于教师和学校的重要意义。高校稳步发展，得益于教学工作和科研工作的平衡关系。但是，事实上，我国多数高校的年底考核与职称晋级都偏重于科研工作的成果，以至于教师将自身的工作重点放在科研工作而非教学工作上。这样的局面也造成了高校教师对提升自身教学能力的不重视。

面对大数据对教学能力提出的新要求，高校教师既要想尽办法学习现代化信息技术以促进教学能力发展，又要保障基本科学研究工作的持续进行。高校教师受到两者关系的权衡制约，难免在实际的教学改革中畏首畏尾，无法大展拳脚。因此，高校应该顺应时代的发展，顺势而为，重视数字化视域下高校教师教学能力提升的教学影响力，在制定符合数字化特色和要求的教师工作考核制度和职称晋级制度时侧重教学能力的发展。

（三）教师方面的因素

在管理学理论中强调一个组织的发展离不开内外部环境的综合影响，一个人能力的发展亦如此。关于数字化视域下高校教师教学能力的影响因素，除了上述分析的政策因素、技术因素、网络支持平台、教学影响力等外部条件，还有高校教师的个人因素。与外部因素相比，高校教师个人提升教学能力的基础、对此的观点和主观能动性则更加重要，更加关键。作为教育工作者，每一名高校教师都非常清楚，外界大环境中的学习氛围不重要，只有个人学习才能保证组织的学习。如果教师本人没有学习的意愿，在数字化视域下，高校制定了再多有益于教师教学能力提升的制度、政策，提供再多可供教师提升教学能力的基础设施、资源条件也是徒劳的。所以，高校要获得教学质量的改善、综合实力的提升、高校长期可持续的发展，就必然要求高校教师个人发自内心地想要实现教学能力的提升。目前，影响数字化视域下高校教师教学能力提升的教师个人因素主要有如下几点。

1. 高校教师的内在因素

根据马斯洛的需求理论，需要是人类个体发展的根本原因，是采取行动的原动力。在教学过程中，是否能够将专业知识分解清楚、讲述明白，是否能够获得学生的认可，是一个教师内心对成功参与教学活动的定义。所有教师都渴望获得这种工作上的满足感和成就感，会积极采取避免失败的方式。这就需要高校教师在纷繁复杂的大数据面前具备提取有用信息的能力，还能够分析和转化这些数据。

另外，马斯洛的需求理论中强调人类具有社交需求和尊重需求，即每个人都希望能够被社会某一群体接纳，并积极参与群体活动，进而通过个人的努力和贡献获得群体成员的尊重和认可。高校教师亦如此，其因为从事教师行业、被高校教师群体接纳和在从事教学工作中获得认可和尊重而感到满足，进而对自己所从事的行业产生无限的自豪感。反之亦然。身为高校教师，如在课堂上没有学生认真听课，在实验室没有学生能够按所讲授规范进行实验操作，课后得不到学生的尊重，这样的局面会令该教师产生耻辱感。由此可见，这种高校教师个体渴望被认同的价值取向将大大激发教师的潜能，会成为高校教师自觉地适应数字化视域下变革和对教学能力提出新要求的一种关键的原动力。

2. 高校教师的知识结构

高校教师应该具备的知识结构包括本体性知识、条件性知识、实践性知识、文化知识以及教学技术知识。目前我国高校教师多为专业科班出身，而非师范类专业。换言之，高校教师虽然已经具备了相当充足的本体性知识，但是相对地比较缺乏条件性知识和实践性知识。而这两方面的知识对于教师开展实践教学又十分重要。另外，由于在数字化视域下大学生已经可以通过多种渠道获取多样化的数据信息，他们对于知识的渴求已经不是传统的课堂上被动的教学能够满足的，所以高校教师所采取的教学方法和教学模式是目前高校教学改革的重点，也是能否令学生在学习过程中感到满意的关键因素。鉴于此，高校教师在数字化视域下不仅要通过信息技术手段为学生呈现丰富的教学内容，更应该引导学生掌握获取知识的信息化途径。综上所述，提升数字化视域下高校教师教学能力应从完善高校教师自身知识结构开始。

3.高校教师的职业生涯规划

职业生涯规划是在自我认识的基础上，高校教师对自身未来发展的设计，是促进其充分发挥潜能的有效措施。科学、系统、合理的职业生涯规划能够帮助高校教师有目的性地为教学工作做好知识结构方面的调整、知识的储备，更能够协助高校教师发现自身基础条件不足的方面，最终有效提升自己的教学能力，实现自己的职业生涯目标。但是，考虑到数字化视域下社会工作、生活等各方面所带来的压力，高校教师没有时间、精力和意识去制定清楚明了的职业生涯规划。学校就应该站在大局的角度上，引导教师分析自身的优势和劣势，制定专业教师职业生涯规划，使职业生涯规划成为推动教师提升教学能力和实现自我价值的助推力。

4.高校教师的价值观念

价值观念是基于人对世界的感官认识，在处理社会关系和工作任务时所作出的理解、判断或抉择。简而言之，价值取向是人认定事物、辨别是非的一种取向。高校教师在从事教学工作时，往往会体现其价值取向。那么，高校教师所形成的价值观念会对其发展自身的教学能力产生一定影响。但是，现在我国绝大多数的高校仍盛行重视科研之风，社会上一些不良之风也污染了象牙塔里纯净的科研氛围，最终导致了高校教师忽视教学工作的价值取向。这种价值取向严重影响了高校教师对发展教学研究以及提升大数据教学能力的重视程度，更制约了高校教育质量的发展。

三、制约数字化视域下高校教师教学能力提升的问题

提升数字化视域下高校教师教学能力的重要性不言而喻，但是在实际的教学活动中，提升教学能力却是"说起来容易，做起来难"的事情，受到了多方面因素的制约。

（一）数字化视域下高校教师定位过程中的问题

1.数字化视域下高校教师的思想认识不到位

思想认识是人们看待事物的角度、方式和方法，并对人们的行为方式产生直接影响。在数字化视域下，高校教学活动发生了翻天覆地的变化。高校教师对待教学活动的思想认识也应随之变化，否则就会产生一些不可避免的阻碍。但是

在实际教学活动中，很多高校教师对大数据给高等教育教学带来的冲击认识不到位，对数字化教学能力创新的认识还停留在将数据信息作为丰富课程内容的一种辅助工具的阶段。高校教师如果不能利用先进的互联网、现代化信息技术对教学方法、教学内容、教学资源等进行改革，就无法从更好适应数字化要求的角度来思考和调整教学过程，无法获得学生的认可和教学能力上的进步。数字化视域下高校教师的思想认识不到位在很大程度上制约了教师适应大数据技术变革的进程。

2.数字化视域下高校教师角色定位转换问题

在以往的高校教学活动中，教师不仅是闻道者、传道者，更是授业者和解惑者，学生的一切知识来源于高校教师，所以教学活动中的教师自然就被定位为专业知识的权威者，学生是不会也不可能质疑教师所说的和所做的，会发自内心地全盘接受教师所讲授的知识。在数字化视域下，由于现代化信息技术的发展、互联网的普及和智能移动终端的推广，大学生不仅可以随时随地通过多种渠道获取丰富的教学资源，还可以了解其他院校的教师或者相关行业的专家对某一问题的看法和见解。大学生们已经逐步形成了自己的价值观和专业认知，可以在教学过程中主动提出问题，与教师教学互长，更有甚者会质疑甚至批判教师所讲授的内容。因此，高校教师的权威性受到了极大的影响，制约了数字化视域下高校教师教学能力的提升。

3.数字化视域下高校教师自身模式的问题

高校教师一般都是从学校毕业之后直接进入教学岗位，在专业实践操作方面的经验较少，甚至为零。高校教师受到自身以往的求学经历的影响，习惯了"教师负责讲授和提问，学生负责听课和回答"的模式，进而将这种模式传承到自己的教学生涯中。不能否认，这种模式在传统的教学资源缺乏的局面下是非常适宜的，可以保证学生学习的质量。但是在数字化视域下，大学生所生存的环境中充满了各种各样的信息，他们可以主动接触到许多新鲜事物和信息。大学生对专业知识的渴望已经不能够在教师的课堂教学过程中得到满足了，所以这种"教师负责讲授和提问，学生负责听课和回答"的模式自然也会被时代淘汰。高校教师必须从自身角度接受这一现实，并改变教学模式，将教学重点放在如何最大限度地利用大数据信息资源有效地指导学生结合自身需求来开阔专业视野。

（二）数字化视域下高校教师教学能力提升的问题

1.高校教师教学能力提升模式的问题

目前，高校教师教学能力提升的模式基本是以师资培训为主、专家讲座为辅的模式。诚然，一方面，高校组织师资培训可以让教师获得最先进的教学理念和最新的教学方式，促进其快速有效地提升教学能力。但是，这类师资培训模式的效果并不理想，主要是因为培训的重点多为关于教育理论方面的，而忽视了专业知识结构的补充，导致无法实现师资培训的目标。

另一方面，高校也常常针对某一时刻关注的教学主题或者本校教师普遍存在的问题组织内聘专家或者外请专家开展教学讲座。通过专家讲座，高校教师可以借鉴专家的研究成果、教学经验和成功案例来解决自身面临的教学难题，对其发展教学能力有一定促进作用。但是，这种教师教学能力提升模式的效果好坏与所邀请的主讲专家有很大关系。专家的专业背景、学术水平和教学经历都会影响到培训效果，专家讲座不能满足教师的个性发展、理论性过强、时间较短，无法从根本上实现高校教师教学能力的提升。

2.高校教师大数据信息素养提升和学习现代化信息技术的压力

当前，高等教育正迎来一个大规模生产、分享和应用数据的数字化时代，立足数据分析来改变大学教育已成为未来世界教育的趋势。人们只有通过收集、分析和深入挖掘大数据信息的内在联系和规律，才能发现大数据信息所拥有的真实价值。在数字化视域下，高校教师需要深刻研究和揭示大量数据和信息的隐含意义和彼此之间的联系与问题。但是考虑到可以收集、使用的大数据信息、教学资源的数量巨大、来源复杂、差异性明显，又持续处在数据自我变化和碎片化分解过程中，高校教师为了满足大数据对教学能力提出的新要求，必须从中提取有价值的信息来服务于自身的教学活动。

这是对高校教师提出的最高的理论要求和最大的技术挑战。另外，数字化视域下综合利用现代信息化技术来提升高校教师教学能力的要求涉及高等学校教育发展、信息工程科学、组织管理学、数理统计学、机器学习和数据挖掘等相关学科领域，一般的高校教师很难掌握相关技术，而教学实践活动中又没有已经成熟的应用范式可供大家借鉴。因此，高校教师大数据信息素养提升和学习现代化信息技术的压力严重影响了教师自觉应用大数据的积极性，进而成为提升教师数字化视域下教学能力的阻力。

3.来自高校教师个体的惰性

教师个体惰性是指教师在习惯了既有工作模式和状态后所表现出来的一种心理状态，是不易克服的习性。首先，教师要能较好地适应数字化视域下技术变革的要求，就必须放弃长期形成的工作习惯，以及长期积累的知识技能。这需要教师投入大量的精力、时间和费用来学习大数据相关知识和技能，这些投入不仅包括时间上的投入，还包括学习大数据技术等带来的巨大精力投入。其次，数字化视域下，教师适应大数据技术变革是一个复杂的系统工程，其间需要学校制定一系列相配套的政策和工作机制。比如，采取灵活、有效的激励机制，在职称评定、职务晋升、薪酬奖励等方面提高高校教师参与大数据学习与研究的积极性、主动性和创造性。然而，由于配套政策和激励机制的缺失，导致教师干和不干一个样，干好和干坏一个样。这些不利因素导致高校教师不愿意改变现有工作状态，久而久之将成为制约教师适应大数据技术变革的反作用力。

第三节　数字化视域下高校教师教学能力提升的原则和方向

一、数字化视域下高校教师教学能力提升的原则

（一）长期性原则

众所周知，能力是完成一项目标或者任务所体现出来的综合素质。人类在完成活动中表现出来的能力并不是短时间内形成的，而是一个长期培养和实践的过程。教学能力是教师从事教学活动必须具备的综合素质，也不是朝夕之间可以获得的。因此，提升高校教师大数据教学能力是一个长期的工程，必须将培养和提高教学能力作为贯穿教师整个职业生涯的一项重要任务。

（二）发展性原则

纵观全局，高校教师教学能力的发展与高校的发展、专业的设定都是相辅相

成的。高校教师教学能力的发展必须在符合高校的发展、专业发展的大前提下实践，由低到高、由浅入深。与此同时，教育环境也处于不断的变化中，相应地对教育需求也提出了更高的要求。从事教育活动的教师为适应时刻变化的教学环境和满足日渐严格的教学要求，必须坚持发展性原则，这有利于保持教学能力培养前进的步伐，从容面对培养过程中出现的曲折。

（三）阶段性原则

根据高校教师职业发展的五阶段理论，高校教师自身也将相应地经历从新手教师、高级新手教师、胜任教师、熟练教师到专家教师五个发展阶段。在数字化视域下，高校教师教学能力的发展必须符合教师个人的职业发展规划，不能操之过急，必须符合教师职业发展的规律和原则。坚持阶段性原则，要求高校教师必须认清自己所处的发展阶段，明确发展方向，坚定自己成为一名合格高校教师的信心。

二、数字化视域下高校教师教学能力提升的方向

（一）数字化视域下高校教师要转变教学观念

当数字化来临时，大学生面临海量的信息和快速的互联网，再也不是被动地接受知识的灌输，而是发挥主观积极性选择更加自由的学习模式。面对教学对象发生的巨大变革，数字化视域下要求高校教师以转变教学观念，重新定位作为提升教学能力的发展方向。

高校教师应该树立终身学习的观念，顺应时代要求，积极主动地学习最先进的教学手段，时刻更新自己专业知识和专业技能的储备。在数字化视域下高校教师应该重新定位自己的角色，他们不再是知识的传输者，而是教学的参与者、指导者和学生学习的协作者。只有清晰定位自身角色，保证持续不断的学习力，高校教师才能紧跟数字化视域下的步伐，完成数字化视域下赋予其神圣而艰巨的历史使命。

（二）数字化视域下高校教师要改革教学方式

在数字化视域下，大学生可以跨越时间和空间的界限，随时随地获取信息资源和课程知识，其学习自主性大大提高了。如何尽最大力度利用学生自主学习的积极性来提高教学质量呢？这是数字化视域下给高校教师提出的难题。数字化视域下高校教师教学能力的提升方向是以"学"促"教"。

以"学"促"教"，就是要求高校教师针对学生的特点设计教学过程，改变教学方式，整合教学资源，协助学生做好自学活动，以达到有效地提升教学质量的目的。

以"学"促"教"，就是要求高校教师尝试多样化的教学方式。目前，慕课和翻转课堂教学成为教学领域的新潮流，慕课为学生提供海量知识信息，将传统的教室从室内搬到了室外，而翻转课堂则将传统的"教师课上教授，学生课后讨论完成作业"的授课方式翻转过来，再次强调了课堂讨论的重要性。新型的教学方式可以使学生的学习更加自由，启发学生思考，促进学生自主探究，为课上的协作和讨论学习做好充分的准备。

综上所述，高校教师应该针对学生特点适当采用这些新型的教学方式，这样不仅能促进学生的"学"，也能促进教师的"教"，扩充教师的专业知识，提高教师的专业能力。

（三）数字化视域下提升高校教师教学能力的培训方式

高校教师教学能力是提高高校教学质量的关键因素，在数字化视域下提升高校教师教学能力的培训方式也顺应时代的潮流发生了变化。为了促进高校教师教学能力的提高，高校采用新的教育教学技术来构建教学能力提升平台。在数字化视域下高校教学能力提升平台上，可以通过专题报告会、教学资源说明会、大数据信息化教学改革成果分享会、教学评估说明会、教学能力提升的主题沙龙系统、组建大师工作室或企业工作站、构建形式多样的网络教学平台、"线上+线下"的交互模式、共建共享的资源获取平台、信息交流与协作平台、多种形式的实践演练模式等方式为高校教师进行自主学习、自主探索提供途径，实现数字化视域下赋予高校教师的使命，有效提升数字化视域下高校教师的教学能力。

第四章
数字化视域下高校教师专业能力培养

第一节 学习和自我发展能力的培养

一、基本认知能力

基本认知能力包括记忆力、注意力、观察力、想象力和思维能力，即一个人的智力。

记忆力在我们的智力活动中扮演着至关重要的角色，它是构成一个人基本才智的重要组成部分。记忆力是我们获取和积累各种信息与经验的首要心理要素，没有它，我们几乎无法在知识的海洋中航行。注意力则是一种使我们的心理活动能够指向并集中于特定客观事物的能力。正是由于注意力的存在，我们才能在纷繁复杂的世界中筛选出重要的信息，从而使我们的智力活动得以顺利进行。可以说，注意力是智力活动的组织者和维护者，它确保我们的思维不会偏离正轨，始终专注于当前的任务。

观察力是一种将感知和思维相结合而形成的能力，它不仅仅是被动地接受外界信息，也是一种有目的、主动的感知过程。在各种专业领域中，观察力都是不可或缺的。例如，教师需要具备较强的观察力，才能通过观察学生的言行举止来洞察他们的内心世界，及时掌握学生的发展变化动态。只有这样，教师才能获得丰富而有价值的教育现象的材料，从而发现新问题，找出事物的规律，并得出正确的科学论证。

想象力是智力活动富于创造性的条件，它为我们的思维提供了无限的可能性。想象力是教师能力最基本的特征之一，是教师进行创造性教学的前提。通过想象力，教师能够设计出新颖的教学方法和活动，激发学生的兴趣和创造力。

思维能力是指在已有知识和经验的基础上，借助语言对客观事物进行间接概括反映的能力。它是智力的核心，使我们能够在头脑中组织和处理那些感官无法直接触及的宏观与微观世界的信息。通过思维能力，我们能够把握事物的本质规律和整体性，从而在复杂多变的环境中作出明智的决策。思维能力使我们能够超越直观感受，深入理解事物的内在联系，推动科学和文明的进步。

总之，基本认知能力即智力，它始终贯穿于教师的职业活动之中，标志着一个教师能力起点的高度。一个智力水平很低的人很难成为一名会学习、能够不断自我完善和发展的出色教师。

二、系统学习能力

系统学习能力即指学习和掌握新知识、新信息、新技术、新方法的能力，包括自学能力、成长学习能力（再学习能力）、信息资料的加工利用及整合能力。

（一）自学能力

自学能力一般包括对学习内容的选择能力、学习的坚持力以及学习的效果和速度。

1. 选择能力

在纷繁的知识海洋中，对于学习内容的选择是学习者首先要解决的问题。当代教师要充分认识到选择学习内容对于学习的重要性，"有所不为才能有所为"，因此，学习亦要"有所止之"才能有所成就。

2. 坚持力

在学习的过程中，不能忽视学习的坚持性，避免半途而废。只有不怕困难、矢志不渝的人才能真正有所建树。

3. 效果和速度

阅读速度、理解程度、对重点和难点的把握都是教师能力的体现。尤其是在知识信息如潮水般向人们涌来的今天，提高单位时间内学习的速度和效率已越来越重要。为此，教师应使自己的学习方式快速化与创新化，充分利用现代化的学习工具，如计算机、手机等。

（二）成长学习能力

这种学习能力一般应具备以下五个要素：一是成长因素的自我识别，即知道自己具有哪些方面的特长，哪些方面的短处，以使自己的学习能够扬长避短、事半功倍；二是成长学习的目标决策能力，即能够根据自己学习的长远目标和阶段目标制订学习计划和学习策略的能力，以保证学习任务能有步骤地完成；三是高层次的学习方法，即科学的学习方法与思维方法有机结合，在提高学习效率的同时有所发现、有所创造；四是成长学习的自我评价与调节能力，即学习者对学习的效果具有正确的评估，并能经常改进学习方法、调节学习机制的能力；五是悟性和勤奋。这是再学习的每个教师所必须具备的素质，有悟性和开拓意识，对再学习有兴趣和敏感，再加之勤奋的精神，就能很快实现学习目标。

（三）信息资料的加工利用及整合能力

这是教师扩展视野和知识的必要能力。教师对信息资料的加工利用表现在：对信息的高度敏感性，即能够广泛地接收来自学生、学校、媒体、政府等方面的信息和学术刊物、著作的信息；对信息的利用率，即筛选有用的信息进行简化、归类、存档，适时运用。

为了适应新时代对教育和教师提出的全面要求，以便更好地、更有效地获取信息资料，教师无疑还需要具备一定的外语水平。良好的外语能力不仅有助于加强国际交流，还能为进行双语教学扫清障碍。在当今全球化的背景下，外语能力已经成为21世纪教师必备的技能之一，它使得教师能够"学会说话"和"学会看书"，从而更好地与国际同行进行沟通和合作。掌握外语不仅有助于教师获取最新的学术资源和教育理念，还能提升他们在国际教育舞台上的竞争力和影响力。因此，教师应当不断提升自己的外语水平，以适应新时代教育发展的需求，为培养具有国际视野的学生奠定坚实的基础。

三、社会环境适应能力

适应是心理健康的标志之一。适应是有机体与环境的一种平衡状态。心理学家皮亚杰指出："智慧的本质就是适应。"现代社会的飞速发展、教育的重大变革给教师提出了许多新的挑战。适者生存、适者发展仍然是一个不可逆转的法则。学会适应、具有一定的社会环境适应能力，是每一个教师健康生活、获取成功的前提与基础。

（一）对适应的一般理解

"适应"一词源于生物学的概念。它是指所有活着的有机体都要随着它们环境中某些条件的改变而改变自身的活动。从心理学的角度研究适应，可将其定义为：个体通过不断做出身心调整，在现实生活环境中维持一种良好的、有效的生存状态的过程。适应是指个体与环境在相互作用中发生改变的过程。个体社会环境的适应方面，涉及如下三点。

1. 适应客观环境的变化

无论是什么样的人，当刚从熟悉的环境进入陌生环境，都要有一个适应的过程，这一过程包括对新环境的熟悉以及了解新环境对自己的要求等，而且这一过程还包括逐渐从过去熟悉的环境中解脱出来，在生活方式、思维方式等方面作出相应的改变，以适应新环境的要求。

2. 建立新的人际关系

随着环境的改变，建立新的人际关系，不仅是适应环境的要求，也是个体逐渐走向成熟的必要条件。这就要求人们清楚地认识新的人际关系的特点，同时，还要逐渐掌握处理各种人际关系的技巧。

3. 确立新的自我

个人适应环境的过程实际上就是重新确立自我的过程。当个体进入新环境后，原有的自我就要重新被评价，以便适应新环境。但是这种重新确立不是完全的自我背叛，而是主动地寻求一种新的契合点，既保持自我的人格特点，又与新环境相适应。

（二）社会环境适应能力与发展

在现实生活中，人们对环境的适应大体上有两种。一种是消极的适应，即适应是人与环境的消极互动过程，在这一过程中，个体认同、顺应了环境中的消极因素，压抑了自身的积极因素（即自身的潜能），违背了人的心理发展方向。其结果是环境改造了人，而人未发挥自己对环境的能动作用，例如，看破红尘、安于现状、不思进取等消极的态度都是以压抑自己的潜能、牺牲个人的发展为代价的。这种对环境的适应是退化，而不是发展。而另一种是积极的适应，即能够正确地分析自身的特点及环境的特点，从对两者的分析中找到自己的生长点，积极主动地调整自己与环境的不适应行为，增强个体在环境中的主动性、积极性，使自身得到发展。也就是说，把环境中的有利因素和个体中的积极因素统一在自己能动的实践活动中，就获得了一种积极的适应。社会环境适应能力是个体通过不断的身心调整，在现实的生活环境中能够突破困境，维持一种良好的、有效的生存与发展状态的能力，这种积极的适应能力对教师的生存与发展都是至关重要的。

教师的社会环境适应能力，一方面应体现在对社会角色的适应能力，能够形成与时代相适应的角色期望和行为方式；另一方面应体现在对社会变革及教育改革所带来的冲突及压力的应变中，与现实相适应的保持心理平衡的能力。只有学会积极的适应，才能够面对现实、接受现实、适应现实，才能对现实抱有乐观的认识和判断，妥善处理生活、学习和工作中的各种挑战，并从实际出发不断调整工作、学习及生活目标，审时度势地进行角色转换，调节自身行为，把握成功，获得发展。适应与发展的关键是战胜自我、积极行动。

四、身心保健及调适能力

（一）教师身心健康的含义及表现

1. 教师健康的身体素质主要表现

（1）对繁重的教学、紧张的工作、琐碎的家务具有较强的承受能力，能精力充沛、生气勃勃、从容不迫地从事工作和学习，应付日常生活和工作。

（2）反应敏捷、体格强壮、耳聪目明、头脑灵活、声音洪亮。

2. 教师健康的心理素质主要表现

（1）较强的社会适应性，能与现实保持平衡。

（2）人际交往和谐，积极态度多于消极态度。

（3）有良好的自我意识，能正确地对待自己，善于与人交往，理解、尊敬、信任别人。

（4）情绪乐观稳定，心胸开阔，能自尊自制。

（5）热爱生活，热爱教育工作，有追求成功的欲望和信心，有幸福感。

（6）过有效的生活，心中有目标，活得很充实。

健康和身心不仅是教师成才与发展的基本内因和要求，也是教师良好身心素质产生的一个基本前提。

（二）影响教师身心健康的基本因素及分析

影响教师身心健康的因素是多方面的，也是比较复杂的，主要有以下两个方面。一是客观方面，如事业与家庭的负载过重，待遇与收入偏低，给教师增加过大的身心压力，不重视满足教师的正当需要，不能创设和形成良好的群体心理氛围，缺乏完善的教育领域的竞争机制等。二是主观方面，即从教师自身因素看，教师不能科学地生活、对心理和身体健康难以自我保护、缺乏一定的身心保健和调节的意识及能力，也是重要原因。

身心保健与调节能力，是教师能够在对自身进行客观了解之后，发挥内部机制的作用，针对存在的问题进行自我调整，采取切实可行的措施，主动加强保健，调节自己的身心状态，对身心素质不断进行自我完善的能力。其属于一种能够弥补身心疲乏、恢复充沛体力、保持健康身心的能力。这种保健和调节的意识和能力，是保障教师在竞争上增强个人的适应力，以健康良好的身心品质从容地对待社会生活，对待教育事业，谋求个人发展的重要条件。

五、自我监控及管理能力

教师的自我监控及管理能力，是教师所具有的对自身的行为及自我发展的监督控制及管理的能力。在行为上主要表现为：具有能够做到为人师表、保证个人言行的严谨端正、处变不惊、从容不迫的能力；具有善于完善自我和克制自我的能力；具有能够进行自我剖析、规划、设计、约束、激励和反馈的能力。

教师是自我发展的主体，所以对教师的任何管理，都不如教师的自我监控与管理更有效。教师在具备一定的自我监控及管理能力方面，具有明显的优势，这是因为：

（1）教师有较高的成就动机，对自己有比较高的期望值，对自己的要求比较严格。

（2）由于教师工作的示范性，教师对学生有重要的影响，教师必须严于律己，对自己的言行加以规范和约束。

（3）教师有比较高的科学文化素质，有较高的能力，有进行自我监控及管理的基础。

（4）有自我发展的内在强大动力的教师，更能够实现真正的自我监控及管理。这也是教师具有自我监控及管理能力的基本条件，即教师有自我发展的内驱力，对发展目标有坚不可摧的信念。

六、职业生涯规划与设计能力

职业生涯是人的一生中所从事的职业和所走过的大部分职业生活历程。职业生涯设计能力是指对有关职业发展的各个方面进行设想、规划和管理的能力。

教师的职业生涯，是一个人作为教师从事教师职业的整个过程。教师只有树立职业生涯设计的意识，掌握职业生涯设计的方法，培养和提高职业生涯设计的能力，才能真正把自己的职业生涯置于理性的思考之上，从而使教师关注自我发展，增强自我发展的主动性、预期性。

职业生涯设计包括一个人一生中所有与工作相联系的行为和活动的设计，在设计时应考虑职业生涯设计具有的以下几个特点。

（一）连续性

职业生涯是指一个人在其一生中所经历的、与职业岗位相关的整个过程。这个过程是漫长而复杂的，它不仅影响着一个人在其他生活领域的行为和选择，甚至在很大程度上决定了一个人的生命轨迹和生活质量。职业生涯的各个阶段紧密相连，每一个阶段都是前一个阶段的延续和铺垫，因此，职业生涯的设计应当是一种系统化、连续性的过程，需要与个人的工作经历和职业目标紧密相关，以确保每个阶段都能顺利衔接，从而形成一个完整的职业发展路径。

（二）独特性

一个人的生涯，实际上是一个个体为了实现自我价值和追求内心所向往的生活而逐步展开的一段独特而充满意义的生命历程。在这个过程中，每个人都会经历不同的阶段，每个阶段都有其特定的追求和目标。尽管不同个体的生涯在某些外在形态上可能表现出相似之处，例如相似的职业路径或相似的生活经历，但其内在实质却往往存在诸多差异。这是因为每个人都有其独特的个性、兴趣、价值观和能力，这些因素共同塑造了每个人与众不同的自我定位和目标设计。

在人生的不同阶段，每个人都会根据自己的需求和愿望设定不同的目标。例如，在青年时期，一个人可能更注重学业和职业发展；而在中年时期，家庭和事业的平衡可能成为主要关注点；到了老年，健康和生活质量则可能成为首要考虑的因素。每个人在不同的阶段都会展现出不同的行为能力和心理特征，这些特征不仅影响着他们的决策和行动，也决定了他们在面对挑战和机遇时的不同反应和适应方式。

正是因为每个人都有其独特的生命历程和成长轨迹，职业生涯的设计也应该充分体现出这种独特性。这意味着在规划职业生涯时，我们需要考虑到个人的兴趣、能力、价值观和生活目标，而不是盲目追随他人的脚步或社会的普遍期望。通过深入了解自己的内在需求和外在环境，每个人都可以设计出一个既符合自身特点又能够实现个人价值的职业生涯规划，从而在不断变化的世界中找到属于自己的位置，实现自我成长和满足。

（三）互动性

职业生涯的发展并不仅仅取决于个人的意愿和努力，它实际上是一个复杂的过程，受到多种因素的共同作用和影响。除了个人对自己职业生涯的规划和设想之外，家庭背景和家庭成员的意见也起着至关重要的作用。例如，父母的期望和建议可能会对个人的职业选择产生重大影响，而配偶的理解和支持则在很大程度上决定了个人在职业生涯中能否获得情感上的依靠和实际的帮助。此外，组织内部的需求和人事安排也会对个人的职业发展产生重要影响。公司或机构的战略目标、岗位空缺、晋升机会等都会在一定程度上决定个人的职业路径。最后，社会环境的变化也是一个不可忽视的因素。经济形势、行业发展、政策法规等都会对职业市场产生影响，从而影响个人的职业选择和发展机会。

因此，在进行职业生涯设计时，个人需要综合考虑这些内外部因素的相互作用和影响。只有全面分析和评估这些因素，才能制定出更为合理和可行的职业发展规划。这不仅需要个人对自己的兴趣、能力和价值观有清晰的认识，还需要对家庭、组织和社会环境有深入的了解和适应能力。通过这种综合考虑，个人才能在职业生涯中作出明智的选择，更好地应对各种挑战和变化，实现职业目标和人生价值。

第二节　教学情境创设能力的培养

一、教学情境创设的特点

（一）新颖性

创设问题情境的新颖性会使学生乐于创新学习。教学的艺术，不在于传授知识的多少，而在于激励、唤醒、鼓舞。教学中教师只有根据学生的年龄特征、知识经验、能力水平、认知规律等因素，抓住学生思维的热点、焦点，不断创设有创意的、新颖的问题情境，让学生身临其境，感受数学知识、规律的魅力，才能使学生产生疑问，激发探索的欲望，乐于发现问题，乐于创新学习空间。

（二）空间性

创设问题情境的空间性，使学生敢于创新学习。由于学生的智力、基础知识、学习能力、生活经验与环境等方面的差异，即使面对同样的问题，他们的思维方式、采用的手段方法也会有所不同。教师的讲解与分析，往往不能满足所有学生的需求。因此，创设问题情境时必须留有一定的空间，把学习的主动权交给学生，对学生的新想法给予鼓励，使学生敢于打破常规，别出心裁，勇于标新立异，寻找与众不同的学习、解题途径，激发学生的创新动机，为学生的创新学习提供时间和空间上的保障。只有为学生创设了问题情境的思维空间，学生才会有积极思维，并进行创新学习。具有挑战性的问题情境，可促使学生多方位地进行联想，自觉地探索尽可能多的问题答案和解题途径，有利于提高学生学习数学的兴趣，培养学生接受挑战的意识，发展学生的求异思维，为学生的创新学习提供条件，引导学生积极主动地、创造性地学习。

（三）实践性

创设问题情境的实践性，使学生善于创新学习。教学离不开实践活动，加强实践操作是培养学生创新学习能力的重要措施。知识的应用是一个渐进的认知过程，是学生在教师的引导下，利用必要的材料，在自我实践的基础上，通过意义建构而主动获得的。因此，在认知建构中，教师应根据学生的认知特点和学习心理，有意识地设置动手操作的情景，给学生提供必要的探索新知的思维材料，设置"动"景，使静态的知识动态化，调动学生的多种参与以及对新知的主动探究，让学生通过自己的操作、观察、比较、交流、评价等实践活动，亲自经历知识的形成过程。一方面，能增强学生主动参与的意识，使学生在实践活动中学会相关知识；另一方面，通过教学实践活动，使其创新学习能力得到提高。

这种在教师点拨下的学生动手来亲自操作、自主探究的活动，有利于调动学生多种感官参与学习，并通过设疑—猜想—实验—验证—归纳的过程，使学生的思维得以充分训练，学生在实践活动中，动手、观察、思考、协作能力都得到了培养。教学中，教师要有意识地向学生提示寻找问题的角度，以及提出问题和解决问题的方法，使学生更善于自主创新学习。

（四）竞争性

创设问题情境的竞争性，使学生勤于创新学习。在教学中，适时创设竞争的学习氛围是培养学生探索兴趣和独立思考习惯的有效途径，适当的良性竞争，可激发学生的创新热情和创新意识，能培养学生思维的变通性和独创力。只有对学生点滴的创新给予及时的表扬、肯定、鼓励，才能激发学生创新学习的热情，逐步培养学生创新学习的能力。课堂教学中问题情境的竞争性，从形式上，可以是小组内同学间、小组与小组间的竞争；从内容上，可以是小组内、小组间对问题解决的竞答，或小组内、小组间的相互质疑，也可以是对练习完成的质量、速度或某一问题处理深刻性的评价等；从情境创设的方式上，可以由教师创设，也可以由学生根据自己的认识提出。

二、创设教学情境的基本要素

（一）符合生活经验及认知水平

情境是符合学生已有生活经验的学习环境及学生认知水平的必备要素。学生的原有经验是进入教学情境中的重要知识，教学情境的创设必须建立在学生的认知发展水平和已有的知识经验基础之上，使学生的原有经验通过再创造，获得新的意义，从而使学生产生新的发展。

情境包含丰富的学科知识、能力及外部世界的诸多因素，是相互联系的。在一定的教学情境下，通过适当的方式将零散的、隐含于特定问题中的诸多因素相互联系与综合，使学生获得相关的知识和技能，同时使学生在非认知方面（如情趣、态度、价值观、合作交流能力等）获得发展。

（二）具备调动的因素

情境具有调动学生积极学习和成长的情意因素，具有学生参与的角色要素。良好的教学情境，能使学生积极主动地、充满自信地参与学习，使学生的认知活动与情感活动有机地结合，从而促进学生非智力因素的发展和健康人格的形成。一个好的教学情境必须具备调动学生积极参加学习活动的因素。学生的参与性是新课程教学环境的基本要求，教学情境必须具有学生参与的角色要素，从而让学生较快地进入建构性学习活动。

（三）课程资源的开发利用

教学情境中包含了大量的课程资源，体现了学校课程资源较高的开发利用程度，具有可供操作的硬件设施和时空要素。为了使学生能够充分地参与学习活动，教师必须具备较强的课程资源和意识，注意对课程资源的筛选、加工、整合及再创造。因地制宜，通过多种途径、多种方式、多种渠道有目的地开发和利用各种资源，包括校内、校外、网络、学生家庭、所在社区等的课程资源，来创设教学情境。创设的教学情境应具备较好的可操作性，具有使师生共同进行学习活动的时空要素。

（四）趣味性和浸润性

情境具有趣味性和浸润性，可以引起学生浓厚的探索问题的兴趣，有较好的对问题进一步拓展的空间。通过营造一种生动有趣的、具有吸引力的学习背景，创设一种与亲和的人际情境交融在一起的教学情境，激发学生学习的兴趣与动机，使学生在宽松、和谐、愉悦的氛围中，由对问题的自然想法开始探索，发挥情境的浸润功能以激发学生的探究热情。

三、教学情境的类型

无论教学情境的外在形式还是教学情境的内容，都能使学生产生积极的情绪反应。但不同形式、不同内容的教学情境在教学中的侧重点不同。实际教学中往往是多种教学情境同时作用于课堂，综合发挥教学情境的浸润性。教学情境根据不同的分类标准可以有多种类型。

根据教学情境与现实世界之间的关系，可将教学情境分为七种类型。

（一）真实型教学情境

现实客观存在的社会是学生知识建构时不可缺少的资源，以及运用知识时不可替代的学习情境，学生在其中感悟、观察、体验。通过形式多样的真实客观存在的教学情境，让学生亲临生活实际，在社区、工厂、田间、野外等真实的生活与场景中学习知识，运用所学知识解决实际问题，这就是真实型教学情境。在真实的情境中进行教学，拓宽了教育的空间，将理论与实际相联系，可以使所学的知识得以运用，学生在身临其境的演练中施展自己的才能，品尝着受阻的焦虑和成功的喜悦，在积极的思考中提高解决实际问题的能力。

（二）仿真型教学情境

教学中有时受时间、空间、财力、物力的限制，不可能每节课都把学生带入实际生活中。一些较难接触或学生不易真实接触的学习内容可以用模拟现实环境和情况来满足教学的需要，这就是仿真型教学情境。如模拟商店中现场购物的体验，也可以借助多媒体等教学手段模拟现实情境，采用学生模拟表演等形式，达到所需教学情境的效果。

（三）提供资源型教学情境

根据课程的教学目标，为学生提供丰富的学习资源，由学生选择学习、探究方式，充分发挥学习主体的作用，教师则起学习引导者的作用，使学生在探索中学习求知，培养其独立钻研、独立学习的能力，这样形成的教学情境称为提供资源型教学情境。资源的共享是时代发展的要求。学习的根本在于拥有和利用学习资源。为学生提供具有丰富学习资源的情境将是未来教学环境发展的总趋势。

（四）问题型教学情境

为了完成教学目标，教师所设计的以探究某个问题为平台的教学情境称为问题型教学情境。创设"问题情境"就是在学习内容和学习求知心理之间制造一种"不协调"，把学生引入一种与问题有关的情境的过程。这个过程也就是"不协调—探究—深思—发现—解决问题"的过程。"不协调"必须质疑，把需要解决的问题，有意识地、巧妙地寓于各种各样符合学生实际的教学情境之中，在他们的心理上造成一种悬念，从而使学生的注意力、记忆力、思维凝聚在一起，以达到智力活动最佳的状态。教师根据学生情况和教学内容而创设的问题情境能诱发学生的好奇心和求知欲，点燃思维的火花。创设问题型教学情境时宜围绕教学目的，同时需注意培养学习者的发散性思维与创新意识，且难度适中。

（五）探究学习型教学情境

为探究性学习任务创设的教学情境称为探究学习型教学情境。探究学习型教学情境与问题型教学情境是密切相关的。一般情况下，学生在一定的问题情境的刺激下会主动参与探究。但在实际教学中，还往往出现学生遇到问题时，很难识别问题的关键并形成连贯的研究方法的情况。他们也不清楚怎样把现在的问题和已经知道的东西联系起来。若围绕问题的探究总是停留在问题的表面，好的问题也会渐渐失去挑战性，因此在探究的过程中需要教师不断营造探究的情境和学习的氛围，引导学生在探究过程的不同阶段深入地学习。

（六）合作学习型教学情境

为在教学中的合作学习而创设的教学情境称为合作学习型教学情境。学习教学中的合作有利于开拓学生思路，改善课堂氛围，培养与人合作的精神，能充分调动学习的主动性。合作中有竞争，既能发挥个体的积极性，又能促进学生之间相互团结、密切配合，增强集体荣誉感。通过合作教学，不仅充分发挥了学生的主体作用，而且能培养学生的交往、合作和竞争能力。但在合作学习中合作氛围的营造非常关键，教学中创设良好的合作情境是学生能否顺利进行合作的前提。

（七）练习型教学情境

为新知识学习后的巩固和拓展而创设的教学情境称为练习型教学情境。教学中无论是新课的巩固练习，还是独立练习课，往往都需要在一定的情境烘托下以达到练习的效果。新课的巩固练习，有时利用课中的教学情境延伸即可达到引导学生自主练习的目的，有时也需要单独创设。独立的练习课，有时教师们可以用带有趣味性的故事情境进行串联，调动学生的练习兴趣。

教师教学情境创设能力培养需要注意的问题如下。

（1）教学情境的创设一定要与高校学生的智力和知识水平相适应。情境创设是为了激发学生的求知欲，如果学生对教师的情境创设不感兴趣，就不可能达到预期的教学效果。

（2）教学情境的创设必须针对人才培养目标，有针对性地创设，必须与教学主题有关，要达到教学内容与教学情境的和谐统一。

（3）教学情境的创设一定要有梯度和深度，既能承前启后有连续性，引起学生的注意，形成良好的情感体验冲动，又要提升学习的高度和层次，使学生的智力得到进一步的开发。

（4）教学情境的创设要为学生营造优美的学习环境，引导学生去积极地进行探究。教师的教学情境创设，一要揭示教学目标；二要有刺激性，引发求知冲动；三要提高学生的注意力，关注教学情境创设的内容；四要提供诱发行为的条件，使学生愿意主动实践。

教学情境的创设要形成一个关注—激励—移情—加深—弥散的学习过程链，使学生的情感态度、价值取向逐步内化于学生的人格之中。学生参与教学情境的创设本身就是发展能力的拓展过程，教师应当善于抓住学生的求知、求新、求变的心理，通过教学互动，提升自己的教学质量。

第三节　教师反思能力的培养

反思是教师自身发展的基础和前提，也是教师成长的新起点。因此，了解反思的内涵，提高教师的反思能力是十分重要的。

一、教师反思的内涵

反思是人们对于任何信念或假设性的知识，按其依据所进行的主动的、持久的、周密的思考。反思是教师最重要的素质之一，虚心、专心及责任心是反思行为的三个基本特质。

有必要指出的是，反思并非教师对教育教学工作进行一般意义的思考和回顾，而是要从反思自我开始，进而反思教学、反思育人、反思课程、反思生活等，即根据反思对象的不同，采取相应的反思方法和策略，达到反思的目的。可以说，掌握了反思的方法和策略，教师就拥有了开启反思之门的钥匙，同时也意味着教师掌握了一定的反思能力。如此看来，有意识、有针对性地培养教师的反思能力至关重要。

反思能力主要分为两大部分：

一是自我监控能力，就是对专业进行自我观察、判断、评价、设计的能力，具体包括自我的意象、职业意识和自我设计。这里的自我意象是指教师进行自我观察时产生的自我满足感、自我信赖感、自我价值感，即教师的个人教学效能感，主要是指教师对自身教学效果的认识、评价，进而产生的自我价值感。职业意识是指教师对教育在学生发展中的作用及其职业生涯和工作未来发展的期望。自我设计是指教师在对专业进行自我观察、判断、评价的基础上，对自身专业发展的设计。

二是教学监控能力，就是对教学活动的内容、对象和过程进行计划、安排、评价、反馈、调节的能力，主要包括以下六个方面：教学设计、课堂的组织与管理、学生学习活动、言语和非言语的沟通、评价学习行为、教学后反省。

教学设计是指在课堂教学之前，明确所教课程的内容、学生的兴趣和需要、学生的发展水平、教学目标、教学任务以及教学方法与手段，并预测教学中可能出现的问题与可能的教学效果。课堂的组织与管理是指在课堂上密切注视学生的反应，努力调动学生的学习积极性，随时准备有效应对课堂上的偶发事件。学生学习活动是指教师在课堂教学活动中应该对自己的教学进程、教学方法、学生的参与和反应等方面随时保持有意识的反省，并能根据这些反馈信息及时地调整自己的教学活动，使之达到最佳效果。言语和非言语的沟通是指在课堂教学中，教师言语与体态语言是沟通师生双方信息、情感的重要手段，对沟通效果的及时评价与调整是很重要的。评价学习行为是指教师对学生的提问、回答、作业、交流、操作等学习行为进行及时评价，或指导学生对学习行为进行评价。教学后反省是指在一堂课或一个阶段的课上完后，对自己已经上过的课的情况进行回顾和评价。

二、反思能力与教师专业发展

教师的反思能力决定教师反思的深度和水平，教师只有深刻理解反思的意义，在反思的状态下开展工作，才能促进每一名学生的全面发展。

（一）反思能力与专业水平的相携成长

反思能力能够促进教师的专业发展。教师的专业化运动主要经历了两个阶段：第一个阶段是关注教师作为专业性职业的地位及提高问题；第二个阶段主要关注"教师发展"或"教师的专业发展"问题，即从关注教师的地位问题转向了关注教师的角色、实践方面。在这一过程中，教师的自主专业化发展问题日益凸显出来。培养与提高教师的反思能力，让教师能够对课堂事件和所做的决策进行深思熟虑，将有助于促进教师的专业化发展。

反思有利于教师形成优良的专业精神。反思不是一种能够被简单地包装起来供教师运用的技术，而是一种面对问题和反映问题的主人翁方式。反思涉及直觉、情绪和激情，在反思性行为中，理性和情绪交织其中，三种态度——虚心、责任感和全心全意是反思性行为的有机组成部分。教师形成反思意识，养成反思习惯，强化对事业、对学生、对自己的责任感，有助于形成教师爱岗敬业、虚心好学、自我否定、追求完美等优良专业精神和意志品质。所以，拥有优良专业精神的教师不会轻易地在一些误解、挫折、失败和逆境中变得消沉苦闷，也不至于轻易地因计较某种利益而怠业弃业，而是始终保持一种昂扬的精神状态和稳定的心理品质。通过反思，能提高教师的问题意识和教育研究能力，使教师能主张其决策和行为，并为其辩护，独立解决教育教学实践中遇到的各种问题，进而发挥手中的专业自主权，实现专业自主。

（二）反思能力能促进课程实施与改革

课程的实施与改革要求教师成为反思型教师。首先在处理教育理论和实践的关系上，反思型教师能对教育理论和实践保持一种健康的怀疑与批判。反思型教师能够以开阔、前瞻的思维方式思考问题，以开放的心态看待事物，接纳新思想，不断对自身及行为进行思考。他既是教育教学的实践者，又是教育理论的思考者与构建者。此外，在决策方面，反思型教师只要拥有可利用的新根据或信息，就会重新思考既定决策的结论与判断。而且，反思型教师能够对于自己以及自身行为给予学生的影响进行积极的反思。反思型教师注重教学的过程，能够在研究状态下进行教育教学实践，把工作与研究结合起来。

三、教师反思能力培养的基本原则

为了提高教师反思能力培养的实效，无论是教师自我提高，还是培训部门的培养与训练，都应该遵循以下基本原则。

（一）实践性原则

这一原则是指教师反思要在其具体的教育教学实践操作中进行。贯彻这一原则要求对教师反思能力的培养和训练一定要建立在自己亲历的教育教学实践基础上。

（二）时效性原则

这一原则是指教师的反思要对自我"现行的"行为观念进行分析，即要求教师对自己当下存在的非理性行为、观念进行及时的觉察、矫正和完善。该原则强调的是时间性和针对性，遵循这一原则可以缩短教师成长的周期。

（三）过程性原则

这一原则有两方面的含义：一方面是指教师具体的反思是一个过程，要经过意识期、思索期和修正期；另一方面是指教师的整个职业成长要经过长期不懈的自我修炼。从这个意义上理解，教师反思能力的提高也不是一蹴而就的。贯彻这一原则要求教师克服急躁或懈怠的情绪，耐心地、长久地、持续地致力于自我反思能力的不断提高。

（四）生成性原则

这一原则是指教师通过对自己教学实践中的行为表现及其行为依据的回顾、诊断、监控和调适，以达到对不良的行为、方法和策略的优化和改善。这种优化和改善就是新的行为、方法和策略的生成。教师经过这一过程，可以加深对教育教学活动规律的认识和理解，使原有的教育、教学能力和水平得到提升，从而适应不断发展变化着的教育改革要求。

四、教师反思能力培养的基础条件

让教师了解反思内容，熟悉反思过程，掌握反思方法是培养和提高教师反思能力的基本要素。

（一）了解反思内容

教师反思的内容是相当广泛和丰富的。为了有利于教师反思能力的提高，可以将教师的反思范围和内容简化为五类，即教学反思、教育反思、理论反思、行为反思和社会生活反思。

1.教学反思

教学反思是指教师对教材内容、教学常规、教学方法、教学习惯、教学理念和教学结果等的反思。

2.教育反思

教育反思是指教师对教育理念、教育内容、教育方法、教育对象、教育结果等的反思。

3. 理念反思

教师的经验、习惯、意见或者印象等是教师行为产生的理论基础，所以对教育理念的反思更有助于教师教育思想观念的转变，进而转变教学方式、教学内容和教学行为。

4. 行为反思

行为反思是指教师在课堂内的行为选择、方法选择、多方互动策略选择以及判断等，对教育行为的反思是指在课堂教学内外对学生进行德育行为和方法的选择。

5. 社会生活反思

社会生活反思主要是反思社会环境中有利于和制约着学校教育教学和学生成长的因素。

（二）熟悉反思过程

1. 反观实践，发现问题

反思产生于"问题"和"无知境界"，教师反思的起点便是自我实践中的"问题"。教师反观自己的教育教学并梳理出其中存在的问题，先就特定的问题予以关注，并在可能的范围内收集与此相关的资料，接下来便分析问题。

2. 自我审视，分析问题

教师依据收集到的资料，以科学的态度对教育教学的本质加以深刻的理解，并在此基础上建立起观念和相应的技术性结构体系。这一过程需要教师有适当的谦恭、足够的勇气、公正的品质、豁达的胸怀、丰富的情愫以及敏锐的判断力和丰富的想象力等。

3. 借助对话，建立假设

教师借助当前问题的有关信息，或通过阅读书籍、请教专家、集体研讨等方式，提出解决问题的各种假设，并对假设的效果进行预测。这一过程是教师将实践中反映出来的问题上升到理论并加以剖析，进而找到解决问题的理论依据和方法，在思想中形成新的观念，建立起新的假设的过程。这是一个持续的过程，因为任何新观念的内化一般都要经历接受、反应、评价、组织和个性化等五个由浅入深、由不稳定到稳定的过程。

4.回归实践，验证假设

教师建立起新的假设之后，开始策划新的行动计划和方案，并开始实施此行动，验证假设。当这种行为能够被观察分析时，教师又开始了新一轮的反思循环。这个循环不是简单的思维过程的重复，不是对反思所得认识的无尽讨论，而是通过积极的、不断的自我反思实践，使这一过程得以再生和深化，这也正是反思的价值所在。

（三）掌握反思方法

反思本身也是一种经历，对教师反思能力的培养与训练，要在掌握反思方法的基础上，还要经历一定的反思途径。

1.过程型反思途径

过程型反思包括行动前反思、行动中反思和行动后反思。行动前反思是借助已有的经验和教训，对各种可能提出预设，决定行动路线，以及期望所要达成的结果。行动中反思是面对当前的问题和情境，当机立断地即刻作出决策。行动后反思又称追溯型反思，这种反思有助于我们理解过去的经历，从而加深对所经历的过程的理解。

2.对话型反思途径

这种反思实际上是一种交流，主要有文本对话、人际对话和面对面对话。其一，文本对话反思途径。以对话的方式对待文本，就是不断对文本叩问、质疑、补充、延伸，与文本作者构成认同与反对、提问与应答、缩减与补充的交流关系。其二，人际对话反思途径。人与人之间的对话是意义的表达、解读、转换与创新的过程。对话中发生着对他人的言语、行动、意义的尊重、解读和接纳，同时也伴随着对自身原有意义的质疑、反思和改进，双方都有可能突破原有体验与理解的局限，获取新的意义，达到新意境。其三，面对面对话反思途径。其中包括两种形式：一是同型对话。具有相同或相似经历、知识背景的人，对于有着相同兴趣的话题，共同研究探讨，相互印证，实现经验共享。二是异质对话。异质对话就是组织跨学科、跨年级的教师间以及与其他专业理论工作者的对话。这种对话能突破同型对话群体的思维盲点，达到开拓思路，促成不同视野和观点的碰撞、互补与融合的目的。

3.网上互动反思途径

网上交流因其交互性、时效性、共享性等特点，突破了时空限制，实现了教师个体的自主交流、教师群体的合作探究和交互学习。网上互动反思的实施通常是在区域性教育机构或学校网页设置的教育论坛中进行的，主要形式有：教师个体在网上论坛中发起主题讨论，学校组织的网上主题研讨，以某位教师的研讨课为课例开展专题讨论，或以教育教学对教师的新需求为内容的专题学习或讨论等。

五、教师自我反思能力的养成

教师自我反思能力的养成是一个漫长的过程，它贯穿教师职业生涯的始终，需要教师在职业生涯中自觉地进行培养与训练。具体可以采取以下几种做法。

（一）养成反思习惯

教师要养成反思习惯，应该从具体的自我反省开始，如从观察学生的言行、写反思日记或教育随笔做起。当上完一节课，批评了某一名学生，或处理了一场班级风波时，留心观察每一个学生的反应，分析学生的心理状态，从中反思自己的教育教学行为，以及隐藏于行为背后的教育理念。

教师反思自我还可以通过"问题单"的方式进行。问题单的设计主要涉及以下三个方面的内容：第一，对自我的认识。包括：个体内差异问题，如有关自身的兴趣、爱好、个人特征，自己的长处与短处等；个体间差异的问题，如自身思考问题、解决问题方式方法上与他人的差异等。第二，对实践活动的领悟。具体指对活动的性质和要求的认知。第三，对策略的运用。比如，进行某种实践活动总共可以有哪些方法策略，这些方法策略的优势与不足是什么，它们应用的条件和情境如何。

为了保证教师的自我反思不被繁忙的日常教学任务中断，除了随时随地进行外，还可以安排固定的时间，制定自我约束的日反思、周反思或月反思（一般以周反思为宜）制度，形成反思的经常化、制度化和规范化。最后，教师还可建立自我剖析档案或绘制自我专业发展剖析图，以便更好地了解自己专业发展的变化和进步情况。

（二）制订专业发展规划

教师的专业发展是一个终生的、全面的、连续不断的过程，它涉及个人、组织和外在环境等错综复杂的因素。教师要善于分析和利用各种不同的因素，学会根据不同环境和因素制定和调整个人专业发展规划，确立个人发展目标，引导自身的专业成长。

教师制订个人专业发展规划的程序如下。

1. 认识自我

在制定专业发展规划之前，须准确了解自己目前的专业发展状况和水平。要从教师专业知识、专业技能和专业情意的角度审视自我，从教育观念、角色和行为等多维视角反思自我，对自己准确定位。

2. 明确方向

在教育教学中教师个人发展的机会很多，比如改进教育教学、从事科学研究、增进师生关系、开发校本课程等。从教师自身成长方面，如由普通教师逐步发展为骨干教师、学科带头人、教育专家等。在教育行政方面，教师可以评估自己兼任行政主管，如教研室主任、校长等的机会。要在不同时期，找出自己的优势和劣势，明确发展方向。

3. 确定策略

教师的专业发展代表着教师个人在工作上努力追求的理想，它包括短期、中期和长期目标。当专业发展目标制订后，就应制订行动策略。一个好的行动策略不单单是一个活动项目，而是包含许多活动的组合。

4. 实现目标

要实现目标，应把握关键因素。这里的关键因素包括：教师能够实施自我专业发展管理，作出学习决策（如需要学习哪些内容、如何学习以及何时学习），对自己的专业发展作出判断，选择恰当的学习形式（如阅读有关材料、个人自学、请专家指导或参加专门的研讨及团队学习），把各种行动策略进一步细化为行动方案等。

5. 反思评价

当教师的个人专业发展规划陆续实施并完成后，教师还要对实施和完成的效果进行反思与评价，看是否达到了预定的目标，是否存在不理想、欠妥当的地方，然后针对问题和不足加以反思，并设法改善和弥补。通过对第一个步骤与目标实施状况的评估，及时加以调整与修正，使自己的专业发展目标更有效率地达成。

（三）开展同伴交流

教师反思自我，并非主张让教师自己孤立起来，而是让教师自己主动地、积极地追求专业发展，保持开放的心态，随时准备接受、更新教育观念和专业知识技能。以此为目的，消除彼此的隔阂，寻求同样的合作与帮助，同样是"反思自我"的重要策略之一。

由于教师工作的独立性，人们仍然视教师为一种孤独的职业，尽管这种描述有不完整性。但是，在现有的教师专业生活中，确实存在与学生隔离、与其他教师相隔离的现象。一些教师不想与别人交流是因为不想让其他人知道自己的问题，害怕被认为是一个不称职的教师。由此可见，与其他教师合作、交流，必须有一个相互信任的氛围。因为反思必然要公开揭示自己存在的问题，公开自己的困惑和遭受的挫折，如果没有良好的氛围，极易使教师受到不必要的伤害和打击。所以，教师要实现自身的专业发展，必须突破目前普遍存在的教师彼此孤立与封闭的现象，学会与同事、同行进行合作和交流。

（四）进行自我评价

教师进行自我评价是一个自我超越、自我发展的过程。

第一，自我评价与外在评价相比，具有认识论上的优越性。教师最了解自己，最清楚自己的工作背景和工作对象，最知道自己工作中的优势和劣势。因此，对教师的评价首先必须是教师的自我评价。

第二，自我评价能改变教师原来消极被动的被评价地位，成为评价主体的一员。这一转变将极大地激发教师的主体意识，使教师以主人的方式主动、自觉地研究自己的教育教学，重视自己行为的转变与学生学习状态之间的关系，注重教育教学理念和技巧的内化。

第三，自我评价能使教师对自己的工作表现、进步状况进行全面的分析与评价，能自我反思、自我教育，提升教师自身的反思能力。

第四节　教师教学评价能力的培养

教学评价是根据教育目标的要求，按一定的规则对教学效果作出描述和确定，是教学各环节中必不可少的一环，它的目的是检查和促进教与学。

教学评价通常有广义和狭义之分。广义上，教学评价指对包括学校教学管理在内的教学工作的评价、教师对学生学习和发展情况的评价、校长对教师教学绩效的评价、教育行政部门对学校办学水平的评价等。狭义上，教学评价为对教师教学（主要是课堂教学）的评价。

一、对教学评价能力的理解

（一）教学评价是根据新时期教育目标的要求来确定的

教育的核心理念应当始终以人为本，关注学生的全面发展，注重培养学生的创新精神、实践能力和科学态度。教育应当积极倡导个性化教育，尊重每个学生的独特性和多样性，努力提高教育质量，以满足不同学生的需求。通过这样的教育方式，可以促进人才的健康成长，帮助学生在知识、技能和情感等各个方面得到均衡发展。这一教育目标的实现，是由我国教育的根本目的，即培养德智体美劳全面发展的社会主义建设者和接班人所决定的。教育不仅要传授知识，更要注重培养学生的综合素质，激发他们的创造力和想象力，使他们能够在未来的社会中发挥积极作用，为国家的发展贡献力量。

（二）教学评价是按照一定的规则（价值标准）对教学效果进行评定的

在教育过程中，我们应当如何看待学生，把他们看成什么样的人，以及对他们采取什么样的态度呢？教师在进行教学设计时，需要为学生搭建一个什么样的发展平台，怎样才能更好地遵循学生心理发展的规律呢？在备课过程中，教师应该选择什么样的价值观来进行教学内容的准备呢？在实际的教学过程中，教师又应该应用什么样的教学策略，才能更好地引导学生进行学习呢？师生之间进行了怎样的心灵体验和价值感悟，以及学生是否在学习过程中感受到了获取知识的快乐呢？对于这些教学问题的不同选择，就形成了不同的教学评价准则。评价者会根据这些规则与标准，对教学效果进行专项或综合的评价，从而判断教学活动是否达到了预期的目标和效果。

（三）教学评价是教学过程中的必要环节

教学评价作为教学过程的一个环节，它执行着一种特殊的反馈机制，是克服教学活动与目标的偏差，使教学活动保持稳定发展的重要手段。没有教学评价，就会由于教学过程的不完整，使教学行为、方法、策略无法能得到应有的、及时的检验和调整，教学水平的提高幅度就不会很大，甚至使很多不利的、仍然处在误区中的教学观念、教学方式成为新的教学定式，这对于课程改革的有效实施十分不利。因此，教学评价的过程是一个自我教育的过程，也是学生和教师共同提高和发展的过程。

（四）教学评价的目的是检查和促进教与学

教学活动涉及的要素众说纷纭，如教师、学生、课程、教学方式、教学内容、教学技术、教学策略、教学评价等。但是，基本的教学活动要素可以确定为学生、教师和课程。课程是教师和学生之间连接的中介。新时期的教育价值取向要求教师具备新的教师观和学生观以及新的教学策略和师生关系，教学评价标准与要求也就随之有新的转变。为此，促进教学的实效，又促进人的发展，调动教学活动中的各种要素，发现和检查教学各环节所存在的问题，及时纠正并修正教学计划与安排，积极、合理、有效地利用各种教育资源，是高职教育始终不渝的追求。

二、教学评价的特征

（一）人本性和发展性

教学评价的人本性是指评价教师在教学设计、教学过程、教学反思等各个环节是否"目中有人"，即把学生放在重要位置。人本性的实质是以"学生的学"来评论"教师的教"，以促进学生的发展评论教师的水平，以促进学生的全面发展来评价教师的教学绩效。

教学评价的发展性是指评价注重对教师在教学计划、教学内容、教学手段、教学目标等方面是否以学生的发展作为教学出发点和基准点。评价关注学生将来的发展趋势和能力倾向，就是发展性评价的体现。

（二）层次性与差异性

对于教师而言，因教学经历有所不同，所教学科特点和自身所积淀的文化素养存在差异，所以教师在教学中无论是教学方法、教学过程、教学策略，还是教学手段以及对学生的引导、激励与评价等，都会具有各自的风格。教师在教学各环节之中，在注意对学生的参与性、主动性和发展性提供空间和舞台的同时，也要注意与自己的特长优势有机地结合，扬长避短，引导学生进入主动发现、主动探究、自主研究、和谐积极的学习氛围。

（三）过程性与综合性

教学评价的过程性，主要体现在评价重心更多地转向关心学生求知的过程、探究的过程和努力的过程。综合性评价主要体现在对学生、对教师、对课程和对教学活动的评价，且更关注综合发展态势的考查，质与量、结果与原因、智能与非智力因素等各项因素的总体性评价。

过程性评价能深入学生的成长历程中，能及时了解学生在发展中遇到的问题、所作出的努力以及取得的进步，这样可以有效地帮助学生形成积极的学习态度、严谨的探究精神，有利于学生在学习过程中情感的体验、价值观的形成。

过程性和综合性评价是为了实现学生知识与技能、过程与方法以及情感、态度与价值观的全面发展。

三、教师教学质量综合评价

所谓教师教学质量综合评价，就是利用教育评价的理论和技术对教师教学过程及其结果是否达到一定质量要求作出全面的价值判断，其目的是促进教学质量不断提高和对被评价对象作出某种资格证明。教学质量综合评价的特点是对评价对象进行整体的、全方位的、动态的评价，而不仅仅对教学结果进行评价。建立科学全面的教师教学质量评价体系，对教师的教学质量进行客观合理的评价，可以使教师获得全面综合的反馈信息，有利于教师及时改进教学工作方法，同时也可以为教师晋级、职称评聘、年度考核评优等工作提供基本的依据，有利于促进高校管理更加科学化、规范化。

（一）检测教学效果

教师教学质量综合评价是一种有目的、有计划、有组织的动态评判过程。综合评价可以通过问卷调查、指标评分、推门听课等方式，收集有关教师教学各个方面的信息，然后根据一定的评价标准对这些信息进行科学客观的分析处理。教学目标是否达到、教学任务是否完成、教师的教学方法及水平如何等方面的指标都可以通过教学综合评价加以测定。教学质量综合评价不仅要对教师的教学内容、学生知识点的掌握情况进行测定，还要对学生学习态度、兴趣、方法等较难量化的内容进行科学的检测。

（二）反馈教学问题

对教师教学质量进行评价仅仅是一种手段，它所获得的信息还必须通过一定的系统迅速准确地反馈给有关部门和教师。通过教学综合评价，教师可以了解自己的教学目标是否合理，教学重点难点是否讲清，教学方法手段运用是否得当，从而调整教学策略，改进教学行为，有针对性地解决教学中存在的各种问题；同时通过教学综合评价，有关部门可以及时准确地获得教学信息，通过对这些信息的分析处理，及时调动各种调控机能，对教学过程中出现的问题进行纠偏整改，对影响教学质量的主要因素进行控制，预防其对教学过程可能产生的负面影响，从而保证教学活动有序高效地进行。

第五章
数字化视域下高校教师教学能力提升策略

第一节　数字化视域下高校教师教学能力提升分析

一、数字化视域下高校教师教学能力提升策略的形成

（一）高校教师教学能力提升策略形成的内因

高校教师教学能力提升效果和教师个人内在因素有着密切的联系，教师个人的思想道德素养、知识水平、能力素质以及心理素质，都关系着教学能力提升的效果以及如何建立教学能力提升策略。

1. 思想道德素养

我国高校当中重科研、轻学术的风气一直存在，部分高校教师认为学术科研可以取得更多的学术成果，更利于职称的提升以及个人学术成就的提高。特别是青年教师，青年教师面对物质生活的压力更大，更加希望自己能够更快地获得职位和职称的提升。特别是青年教师有着丰富的精力，希望能够早日在学术界有所作为，更加希望完成更多的科研工作，这导致部分高校教师对于教学工作并不十分喜欢。从根本上来看，高校教师，特别是刚毕业的青年教师，还没有意识到高等教育的重要性。从教学实践当中来看，教师的思想道德和职业道德将会对高

校学生的成长产生重要的影响，教师的一言一行会在潜移默化当中影响着学生三观的塑造。部分高校教师并没有接受过系统的马克思主义理论学习，就难以汲取马克思基本理论所转化的坚定信心，没有坚定的信念和道德素养，高校教师在工作中就会受到拜金主义、个人主义等不良风气的影响。在这样风气的影响下，教师就容易出现学术不端、团队意识淡薄甚至是收受学生贿赂等严重问题。另外，部分教师忽视了高校学生的自主性和创造性。高校课堂教学不仅仅是知识的传授，还应该具有开放性和多样性。教师个人的素养存在问题，不具备坚定的教学信念，就难以完成高校教育目标，更不能培养出高层次的人才。

2. 知识水平的影响

高校教师是高校教学建设的基础，高校教师的专业知识对于高校专业建设有着重要意义。但是随着时代发展，高校教师的知识水平已经不仅仅是专业知识，高校教师的知识水平应该具有三个层次：一是具备跨学科的科学素养和人文素养；二是具有教学能力，可以开展教学活动；三是对学科专业有深入的研究，对于学科的历史和发展有所了解。

3. 能力素养的影响

培养人才是高校教师的职责，教师个人的能力对人际关系有着重要的影响，高校教师建立良好的人际关系，可以在教学和学术研究上都取得良好的成果。在良好的人际关系当中，高校教师可以获得人际资源所提供的力量，以此建设学术环境、提升能力素养，使教师个人的学术视野和学术理念都得到拓宽和更新。只有在这种环境下，高校教师的创新能力和创造性思维才能发挥作用。所以，高校教师不仅要具备学术研究能力和高校教学能力，而且要具备处理人际关系能力。特别是在数字化视域下，人们获取知识信息的途径越来越方便。而高校教师由于在高校工作，从事相对单一和独立完成的工作，缺少人际交往的机会。特别是具有强烈自尊心或是倾向于独立完成工作的高校教师更是如此。每一个人都希望可以获得他人的平等对待，可是由于高校教师担任的是高校学生专业发展和思想成长的引导者的角色，所以在与他人接触时往往会不自觉地带有一种强势，待人接物方面不够圆融。其实高校教师也与其他人一样，希望获得性情相投的朋友。纯洁的友谊是人人都向往的，但是通过深入认识交往，发现对方在某些方面并不是自己所期待的，就会对人际交往产生挫败感，导致个人在渴望交往和自我封闭之间徘徊，具有这种矛盾情绪的双重性。高校教师与人交往，建立良好人际关系的能力是高校教师适应社会生活的能力体现，通过与他人的接触，获取更多的信息，找到与自己志同道合的朋友，最后建立核心的高校人际交往氛围。

高校教师的教学能力是高校教师实现培养人才这一工作目标必须具备的基础能力。对于高校教师来说，可以通过学习与练习建立属于自己的教学行为系统。高校教师的教学行为系统包括教学设计能力、课堂教学能力、作业检验能力以及专业指导能力等。这些都是作为一名教师所必须具备的基本技能，是实现高校教学创新和发展的基础。当前我国高校教师队伍当中，相当一部分教师并不具备师范类教育背景，没有接受过系统的教师职业能力训练。这样的教师虽然有着优秀的教育背景，但是并不熟悉教学工作，不了解学生，更不知道如何规划一堂课程。教学技能难以满足教学需求的教师就难以满足高校的教学需求，必然会影响高校教师队伍教学能力整体水平。高校教师队伍的这种现状也决定了高校必须重视高校教师教学能力的发展。

各个院校在专业科研方面的水平将会直接影响到高校的办学能力和综合影响力。另外，高校科研能力对高校教师能力的提升也会起到重要的作用。高校教师在科研工作当中需要具备沉稳的心态，专心研究，切勿急功近利，这种沉稳的心态不仅仅是科研所需要的，教学工作中也同样需要。高校虽然要为社会服务，但是如果高校教师不能在学术中做到长久持续钻研，则最终难以获得成果。另外，随着学术研究和教学工作的深入，高校教师往往会产生自卑的心理，特别是对事业刚刚起步的青年教师来说更是如此，主要的原因是教师觉得自己的专业知识不够深厚，难以在学术领域进行深入研究。不论是浮躁还是自卑的心态，都会影响教师在教学和科研工作当中的工作效果。高校教师只有不断完善自己的专业知识结构、提升教学能力和调整自己的状态来迎接高校教学改革，才能够在数字化的教学要求中立足。这也是高校教师必须提升教学能力的时代要求。

4. 心理素质的影响

高校教师拥有健康的身心状态，才能更好地投身于高等教育事业当中。中青年高校教师是高校教师队伍当中的生力军。当前，我国高校当中"75后"和"80后"成为教师群体的主力。这些群体有较强的学习能力，对新事物有着很强的接受能力。中青年教师群体普遍对生活有更高的追求，希望能够在职业生涯当中创造更多的成就。当前，中青年教师在外兼职成为较为普遍的现象，兼职工作会分走教师一部分的精力和时间，有些教师甚至忽视了高校的本职工作而忙于兼职工作，影响了高校教育工作的落实。不过，从另一角度来看，能够承担兼职工作表明教师能力受到社会认可，有更多的精力去获得更多的经济收入来提高自己的生活水平。更重要的是，兼职工作让高校教师有了更多的实践机会，建立更多和社会交流的机会，对高校教师来说是重要的累积。高校教师在高校工作与兼职工作之间做到平衡，是高校教师必须处理好的问题。

高校教师工作并不都是一帆风顺的，每一位高校教师都有各自不同的人生经历。随着社会发展，物质生活水平也在日益提高，高校教师特别是中青年教师承担着较大的生活压力，这就对教师的心态造成了不良的影响。当前，我国中青年教师当中，特别是青年教师大多为独生子女，成长环境相对优越，这就导致这些教师在做事或考虑事情时容易以自我为中心。在这样的心理影响下，教师在工作当中就以自我为主，无法与他人建立良好的联系，缺乏团队意识，同时，这种心态下教师的心理承受能力也较弱，在一定压力下会产生沮丧或放弃的负面情绪。另外，过于以自我为中心，在高校教学当中，教师容易出现一言堂或自说自话的情况，忽视学生的反馈情况；而且在这种心态下教师会傲慢、目中无人，在向他人讨教、学习时没有谦虚的态度。所以，高校教师需要建立健康的心态。这表明，高校教师教学能力的提高不是单纯的教学能力提高，还需要教师各方面都得到提高。

（二）高校教师教学能力提升策略形成的外因

为实现高校教师教学能力提升这一目的，教师不仅仅要做好自身能力提升，还需要多方面因素的支持。高校教师教学能力提升策略的形成也有其外部因素。从外部因素来看，高校教师工作、生活的环境以及社会环境等都在每时每刻地影响着教师，推进外部环境的建设有利于教师教学能力的形成。

1. 高校环境对教师教学能力提升策略形成的影响

当前，我国高校都在发展自身的文化特色，高校积极打造适合自身的重点学科。由于高校有各自的特点，同时拥有的资源也不同，因此不同的高校也承担着不同的社会期望，面向社会输送着个性不同的人才。高校教师作为高校的职工，必须遵守高校的管理制度，并且受到高校政策、文化氛围以及员工薪资待遇方面的影响。这些对于高校教师自身的成长都有巨大影响。

高校推行的政策直接影响着教师，高校建立可行的教师培训制度可以给教师提升教学能力提供支持和信心；相反，推行制度不合理，必然影响教学能力提升策略的形成。所以，两者有着最为直接的关系。在传统高校管理模式下，高校对教师的培训方面投入不足，没有引起足够的重视。随着数字化的到来，我国高校越来越重视对高校教师教学能力的培养。部分高校已经建立教师发展机构对教师进行服务，以满足教师提升教学能力的需求。而有效的措施和策略是以高校政策制度建设为前提的，高校管理者应是最了解教师需求的，高校管理制度将以人为本作为基本思想，关注教师的发展需求，这就促使提高高校教师教学能力策略十分人性化、科学化。高校建立的发展平台将影响高校教师教学能力提升策略形成。传统人力管理方面，高校教师职称评定、职业进修等都需要凭资历长短，而将能力放在后位。要适应时代发展，高校必然要扭转师资管理理念和方式，教师教学能力发展平台必然要建立完善，在教师激励制度和培养进修方面将以教师能力作为衡量标准。传统人力管理模式都是高校花重金引入高学历、高职称的人才，可是真正在入职后培养出人才的情况却较少。数字化视域下这种方式显然行不通，想要为教师教学能力的提升提供便利，培养本校人才才是根本大计。高校为教师提供的另一种形式的环境就是高校文化氛围。高校文化氛围不仅影响着高校学生个人思想素养和个人行为的塑造，而且也影响着高校教师，使高校教师不论在行为上还是心态上都会有所变化。随着时间的推移，高校文化会愈加深厚，最后形成属于高校独有的文化特色。但是，并不是所有的高校都有着悠久的历史。其实，建立高校文化氛围不仅仅取决于高校的发展历史，更重要的是和高校的风气有更大的关系。教师队伍教学能力提升、教师队伍综合素质提升必然会推进高校文化氛围的发展。所以，高校教师教学能力提升策略的产生，必然带来师资队伍能力的提升，而策略的产生必然会受到文化氛围的影响。教师能力与高校文化氛围是相互影响的，文化氛围为教师教学能力发展策略的产生提供了动力和条件。

2. 社会环境对教师教学能力提升策略形成的影响

高校教师能力是高校核心竞争力的重要组成部分。我国发展高等教育水平，必然要促进高校教师教学能力的提升。我国不断推进高校教育水平的发展，特别是在改革开放之后，科教兴国战略大幅提升了知识分子的社会地位，教育承担了更多的社会责任。我国高校纷纷紧跟政策引导，提升自身的竞争力，发挥高校的价值。在这种时代环境下，高校教师必然要提升自身的教学能力来适应社会的发展需求。

二、数字化视域下高校教师教学能力提升策略分析

高校教师教学能力提升策略可以直接帮助教师提升教学能力，可是当前在制定策略方面很多高校仍然没有头绪。其实制定策略可以从以下几个方面来考虑，并将其作为制定教学能力提升策略的指导思路。

（一）设定基本方向

高校设定基本发展方向和基本制度不仅仅需要高校单方面努力，还应该鼓励教师参与其中，高校组织和教师个体共同努力，达成双方认可的制度和策略，这样才能实现良好的效果。而这种共识就是需要确立以教师为主体的基本观念，并将其作为提升策略制定的基本方向。高校在传统管理制度下虽然也对教师的教学能力的提升投入过资源，并组织过相应的活动，但是很多活动不论是在内容上还是形式上，都将教师当作被动接受知识信息的对象。教师个人在这种活动当中自主性难以被激发，导致效果很差。在这种模式下，不仅高校教师的教学能力提升效果很小，而且占据着教师的时间和精力，还容易引发教师的反感。教师面对这种集体化、统一化的教学能力培训会，即便兴趣缺失也必须参与，因为在传统管理模式下，高校都是以行政式、职级分明的管理方式来对高校教师进行管理的。也就是说，这种教师教学能力提升方法是强制性、被动性的。在这种情况下，教师不得不去参与项目活动，最终教师花费了大量时间却没有提升自己的教学能力。这种花费资源、精力以及时间却得到了适得其反的效果，显然是高校不愿看到的。高校在对师资队伍进行培训之前，必须根据师资队伍的实际情况，规划教师教学能力培养制度。在科学、符合实际的制度规范之下，高校教师能力发展机构贴近教师，为教师提供有效的教学能力提升活动，通过活动项目来实现培养高校教师教学能力的目的。

（二）建立良好的学术生态环境

可以说，高校内部的学术生态环境在无形当中影响着每一名师生，良好的学术生态环境可以为教师教学能力提升策略有效实施提供土壤；相对地，学术生态环境恶劣，教师不能沉下心提升教学能力，任何教学能力提升策略都难以有效开展。随着我国社会经济水平的发展，各大高校迅速扩招。很多高校近年沉迷于扩大生源、购置资产等提升自身经济能力的活动。经济能力对于高校来说固然重

要，可是高校终归是培养高层次人才、研究学术发展的领域，在规模扩大方面投入过大的精力必然影响学术和教学工作的管理。实际上，我国高校近年来学术生态环境受到社会不良风气和思想的影响，已经出现恶化，导致了社会对高校日益恶化的学术环境发出不满的声音，严重地降低了我国高校的社会评价。不论是学术行政化还是学术考评数量化等恶劣情况，都降低了社会对高校的评价。高校从曾经令人向往的象牙塔变成了拜金媚俗的学术染缸，高校形象有损的背后有诸多原因。高校教师为了提升职称或更大的发展往往随波逐流，在学术领域进行恶性竞争，这种市场化的学术环境所营造的必然是虚假的学术繁荣景象。这种学术繁荣假象危害深远，教师无心提升自己的教学能力，一味去琢磨如何投机取巧钻学术领域的漏洞来获得利益。这种恶劣的学术生态环境不仅仅拉低了高校形象，更会严重侵蚀高校教师的思想。高校教师是高校核心竞争力的重要组成部分，教师无心学术研究和教学能力的提升，高校核心竞争力将会下降，高校在激烈的竞争当中必然被淘汰，甚至会影响到我国高等教育事业的发展。因此，建立高校教师教学能力提升策略，需要营造良好的学术生态环境，在良好的学术环境下，高校教师在教学能力提升方面会更加投入。这需要高校完善管理，建立健全合理的教师聘用、考评机制，推进高校改革的脚步。营造良好的学术生态环境甚至会使高校教师在学术钻研和教学当中获得精神享受，从而进一步激发教师提升教学能力的自主性。

（三）建立教学自由的原则

高校当中本就应该建立自由平等的学术风气，教学自由是推进教师教学能力提升的基本条件，在教学自由的原则之下，教师会更加轻松，有利于实现教学创新。我国高校长久以来都以行政手段管理高校，在这种刚性管理的环境下，高校管理可以自上而下有序管理，建立相对稳定的管理体系。但是在这种刚性管理的环境下，高校教学必然会受到极大的束缚，教师的教学自由难以发挥。高校教师难以拥有教学决策权利，在这种管理环境下，甚至对部分课程应该如何完成都设置了框架，高校教学本就不同于初高中教学。高校教学不仅仅要传输专业知识，更要在课堂中激发学生的创新能力，增强学生学习热情。要实现这个目标就要打造自由、具有个性化的高校课堂。同时，教学活动本就是一种需要创造性的活动，课堂教学丧失了自由的教学环境，高校教师的教学发挥必然会受到限制。从另一层面来看，这种管理方式下，教师在教学当中不能充分地发挥自己的能力，也难以表现自己的激情，不利于教师在教学实践当中获得提升。高校要为教师教学能力提升策略的实施提供一个自由的教学环境，在这种环境中相应的策略才可以更好地实施。

第二节　数字化视域下高校教师教学能力提升策略的探索

从当今时代来看，提升高校教师教学能力是大势所趋，甚至已经成为一种制度性活动，需要高校予以足够的重视。为了提升教师教学能力，不论是国家还是高校，一直都在这一领域进行探索，寻找适合我国高校的发展方式。

一、制度建设是高校教师教学能力提升策略的必要条件

（一）高校教师教学能力提升制度建设方面的探索

我国高校响应国家号召，在20世纪末开始推行扩招政策，如今我国高等教育规模逐年扩大。可以说，我国高等教育事业仅仅用了二十年的时间，在规模上就已经达到了西方发达国家高等教育的层次。这是我国大力发展高等教育的显著成果，也是高等教育发展制度不断深入推进所获得的成果。高等教育的快速发展，推动了高等教育大众化时代的到来，更多的人民掌握了知识，提升了整个社会的受教育水平。但是，高等教育急速扩张的同时也伴随着教育质量的下滑。教育质量的下滑是当前不得不面对的问题，政府和高校都已经意识到这个问题，所以也不断在高校教师教学能力的提升方面深化改革，提出了内涵式发展道路。这一道路的发展核心是注重高等教育的质量，也是我国真正成为高等教育大国甚至强国的重要保证。

可以说，我国高校想在当今时代立足，就必须将教师能力的提升放在重要位置。

在发展的过程中，注重规模的扩展同时还要兼顾软实力的提升。高校竞争力的判定不仅仅是规模大小，更需要具有高水平的教育质量。对于高校来说，规模

扩大仅仅提供了经济基础，而教学质量才是高校发展的核心竞争力，这也是高校发展的特殊性体现。中国特色高等教育发展道路必然会将质量放在发展的核心地位，这是高校必须注意的，质量至上也是高等教育内涵式发展的要求。

如何提升高等教育的质量成为当前高校关注的问题，在思考这个问题之前，我们需要先思考高等教育建立的目的和任务。高等教育最根本的目的是培养人才，而且是高层次人才，培养人才最直接的方式就是教育，通过教育升华一个人的思想和精神，通过教育向学生输送专业知识和技能，教育工作是培养人才的基本手段，也是最重要的手段。

衡量一所高校的能力和水平，教育质量是其中最为核心的标准。当前来看，影响高校教育质量的因素有很多，其中，高校教师教学能力是其中重要的因素之一。高校教师对待学生应该做到公正平等，同样，教师对自己也应该要有一个正确的认识，教师的专业知识就像是一桶水，如何将这桶水传递给学生，是值得深思的问题。教学过程不是教师的独角戏，需要教师与学生共同参与、双向互动才能产生效果。教师向学生输送知识的过程就像花匠用水灌溉即将成熟的花朵一样，高校学生是社会未来重要的人力资源，如何引发学生的思考，如何让学生能够更快地吸收水分，这些都需要教师具备高水平的教学能力才能实现。良好的课堂教学不仅学生受益，教师也会在教学当中获得进一步的提高，在学生的反馈当中反省自身教学的得失。

从我国高校实际发展来看，由于大规模的扩招，高校师资队伍难以满足教学需求，所以更多的青年教师走上高校教师岗位，建立了一支支具有活力的青年高校教师队伍。青年教师的增加，提升了高校师资队伍的活力，青年教师不但有深厚的教育背景，而且有更强的学习能力，思维更为活跃，更具有创新思维。特别是在数字化视域下，青年教师具有更强的好奇心，对新鲜信息和知识有着更为敏锐的捕捉能力，这都是青年教师的优势。不过，青年教师相应地缺乏经验，特别是教学能力方面还有很大的提升空间。另外，由于高校师资队伍缺口较大，聘任教师时有时会忽略教师是否具有教学方面的培训经历，而是更为看重学历和教育背景。教学经验不足的教师不能深入地了解学生心理，即便拥有再渊博的知识也难以将知识有效地传输给学生。高校教师的教学能力不仅仅关乎高校的核心竞争力，更成为整个国家所关注的问题。

高校教师特别是青年教师的教学能力强弱直接影响了高校教学成果能否实现，直接影响着我国高等教育的发展。高校注重内涵式发展已经成为时代要求，也是高校必须践行的前进路径。要实现高校内涵式发展，就必须提升教学质量；提升教学质量，就必须解决高校教师教学能力的问题。从宏观角度来看，高等教育的发展必须实现内涵式发展，而提升高校教师教学能力是取得内涵发展的重要途径。

（二）制度建设是高校教师教学能力提升的保障

制度为高校教师教学能力提升提供了基础和保障。教师的教学能力直接关系到高校教育是否能够健康、持续地发挥价值，在制度的保障下，高校教师才会无后顾之忧地、更为深入地进行研究，获得不一样的感悟。高校教师教学能力需要高校从大方面上统筹规划，对资源进行调配，充分发挥财力、人力和物力的作用，而这都需要制度作为保障。在完善的制度之下，资源有条不紊地为教师能力提升提供保障，最终实现高等教育发展的目标，根据教师教学能力培养的需要，实行科学制度安排，建立科学合理的机制。当前很多地区都从制度上入手，地方政府和高校纷纷出台鼓励高校教师提升教学能力的相关文件或政策。但是仅仅有政策的鼓励还不够，需要政策能够落实，将美好的愿景落实为实际的资源支持，这样才能让蓝图变为现实。因此，制度和执行力两者都不可缺少，这也是推进高校教师教学能力提升工作顺利开展的重要保证。

实行制度建设可以降低高校教师教学能力培养工作中的各种不确定性。高校教师教学能力的提升是一项长久而复杂的工程。高校教师教学能力的培养需要高校和政府以及教师个人持之以恒地坚持，教学能力是高校教师整个职业生涯都不可缺少的职业能力，会贯穿教师整个职业生涯始终，想提升教学能力就必须对教师职业发展的每一步都投入关注。另外，高校教师教学能力的培养不仅局限于本专业，还需要更大宽度。获得教学能力培养是教师享有的权利，高校在组织教师教学能力培养工作时必须注意公平性，这也是教学能力提升制度建设多年探索所总结的宝贵经验。

教师的教学能力培养需要具有一定的深入性，培训效果不能流于表面，仅仅有形式上的培训毫无作用，必须深入教师群体当中。另外，高校教师培养需要考虑到教师的个性。高校实现内涵式发展，提升自身竞争力必须走可持续、有特色的发展道路。所以，高校教师在教学能力培养工作当中应该服从上级安排。作者认为，高校教师教学能力提升要将教师的教学能力确立为培养的核心内容，在这样的观念引领下，坚持以培养内容作为媒介，从而实现提升高校教师的教学能力这一培训目标。培养内容是以高校教师的教学能力培养作为依据，对高校教师的能力有一个相对明确的目标，进而去努力达到这些教学能力标准。高校教师有了努力的目标，拥有了动力，高校也就可以根据实际情况规划提高高校教师教学能力的具体内容和实施办法。制定的实施办法应该切实、具有可执行性，从而使实际培训工作做到有的放矢，避免盲目设定导致培训工作没有方向，使高校教师教学能力提升工作科学化、常态化。然后，高校教师作为教学能力培训的主体，就应该具有主体行为意识，同时高校应该从制度上确保高校教师主体行为的执行。高校教师教学能力提升工作的实施主体是政府、高校和教师，所以教师也应该承担自己相应的责任，不要形成依赖高校和政府的观念，分清自己的义务和权利，最终确保教学能力提升工作能够落到实处。

（三）制度可以提升教师的自我发展意识

高校教师是高等教育第一线的工作者，教师将高等教育落到实处。所以，不论是政府还是高校，推进政策和具体的实施策略都应该是针对高校教师来设定的。在科学合理的教学能力培养制度之下，高校教师必然会获得合理、科学的培训服务，高校教师的教学能力会获得健康的成长。高校教师教学能力培养制度的建设是促使高校教师教学能力不断提升的保障，在科学合理的制度安排之下，通过鼓励、支持等方式直接帮助高校教师提升教学能力。在帮助高校教师稳固专业知识的同时，通过丰富、科学的培训内容，帮助教师了解、学习更多的教育相关知识，特别是提高教学实践能力。在科学合理的培训活动当中，帮助教师更加积极地对待高校教学工作。通过制度的建设，为高校教师提供一个具有学术氛围的工作和成长环境，在高校当中形成良性循环，为高校教师提供更强的精神力量，不断督促教师实现自我发展。为高校教师打造良好的学术环境有利于高校教师建立正确的教学观念，而环境建设同样需要制度作为基础。良好的学术环境是促进教师教学能力提高的重要方式之一。所以，要使高校学术环境得以建立，就必须坚持制度建设。这也是我国在高等教育发展建设当中得出的重要经验。

（四）制度建设可以巩固培养成果

通过制度建设，能够有效地巩固高校教师培养工作的成果，高校教师教学能力提升的制度应该具有系统性和灵活性。科学合理的制度不仅仅是一种对政府、高校以及教师教学能力培养工作的规范，更具有不断完善的功能。通过实际教师教学能力培养工作的实施，将实际工作成果和反馈反作用于制度体系，从而实现完善和修正制度的目的，进而将更为有效、更贴合实际工作的制度保留下来，并完成传承工作。我国在高等教育发展方面不断地出台政策，同时也在听取各地方政府以及高校的意见反馈，从而对已出台的制度进行改善，进而提供更为完善的政策指导，帮助高校在内部建立更为有效的政策。在实践中发现不符实际、难以执行的制度，充分发挥实践指导制度的作用，将理论与实际结合，从而形成制度体系，这种做法可以从根本上为高校教师教学能力培养提供助力。

二、制度建设作用于高校教师教学能力提升的原理

制度作为基础，探索其背后对教师教学能力提升的原理将会有深远的意义。作者认为，制度建设之所以成为高校教师教学能力提升的改革突破口，是由制度自身的特点所决定的，在制度特有的强制性、科学性以及系统性之下，高校教师教学提升工作才能够有所依据，更好地开展完成。

（一）制度的强制性

建立高校教师教学能力培养制度体系的最终的目的是用制度化的形式，对高校教师教学能力培养相关工作进行规定。通过这种制度化、强制化的规定，来保证高校教师教学能力提升的相关工作能够以一种常规化的状态实施完成。

我国高校在教师教学能力培养方面仍存在不足，特别是大多数高校难以将教师教学能力培训作为长久坚持的工作。这也是我国在高校教师教学能力培养发展探索当中存在的问题，这说明高校对于教师教学能力的培养还没有足够的重视。另外，即便部分高校将教师的教学能力培养当作重点发展规划，并且制定了相关培养措施，可是在实际落实的过程中还会出现诸多问题。最明显的情况就是高校管理层提出措施，下级部门口号喊得响，但是行动却不够积极。往往出现的情况就是，相关教师教学能力培养措施在实践当中有着声势浩大的开端，可是声势越来越小，直至悄无声息地结束。能够坚持到底，将教师教学能力培养当作高校发展事业来做的高校很少，而建立具有个性化、成果化的培养项目的高校更是寥寥无几。从高校教师的角度来说，在入职时接受岗前培训通常是必备的培养项目。可是，在入职后，自己的教学能力就没有人或部门关心，而是要教师凭借自己的力量去提升自己的教学能力，进而来满足高校的教学需求。这对于青年教师来说显然有着巨大的困难，本就经验不足，又没有团体或个人帮助。这样不仅降低了教学效果，还打击了青年教师的积极性和自信心。当然，高校并不是没有教学培训机会，而是在传统的管理制度之下，高校通常会以资历和经验为衡量标准，在

论资排辈的情况下，青年教师难以获得参加教学培训的机会。特别是教育部门组织的较高水平的培训交流活动，高校往往以资历为由拒绝了青年教师的请求，导致师资队伍管理不公平现象发生。

近几年，在国家不断摸索和引导下，高校教师整体教学能力是有所提升的，说明我国高等教育发展的政策是具有成效的。这得益于国家在高等教育发展方面的大量投入，可是当前的发展成果仍旧不足，难以将我国推上世界教育强国的行列。国家在推进教师教学能力发展相关项目时，更多的是从宏观角度机械地对资源进行分配和规划，国家难以向各所高校教师个体提供个性化帮助。国家也缺少一些相应的监管和考核，所以在推进高校教学建设方面出现过资源浪费和未达到预期目标的问题。国家只能从宏观角度提供资源和政策的支持、引导，最终能够有效的实施还是要高校在第一线管理上建立切实可行的制度。因此，建立相应的制度不仅可以确保国家政策得以落实，又能够提升高校管理自主性，让高校教师教学能力培养成为高校管理中常规化的工作内容。

（二）制度的科学性

高校教师教学能力的提升需要进行明确规划，不能盲目进行，合理科学的制度是提升策略推进的前提。在制度的框架下高校各部门各司其职，注重联系与合作，通过制度才能将高校组织连为一体，真正地为教师服务。另外，教师教学能力培养在科学合理的制度框架之中，可以保证高校教师教学能力提升工作不以人的意志为转移，提升教师培训工作的执行力。制定高校教师教学能力培养制度体系，其实就是将高校教师教学能力的每一步发展都规范在科学合理的制度框架当中，保证培训工作有序进行，不会受到其他因素的干扰。同时，高校教师教学能力培养工作是否能够有效实施，还需要具有一套科学、灵活的运行机制，这就要求高校了解教师群体不同的培养需求，通过灵活的方式来为教师教学能力提升提供所需要的资源。最终，高校在制度框架内为高校教师教学能力发展提供帮助，从而真正地为科学地提升高校教师教学能力提供保障，打造坚实的发展基础。

（三）制度的系统性

制度建设为高校教师教学能力的提升提供了体系支持，所以制度系统设计至关重要，需要涉及高校教师培养工作的各个方面。通过科学的制度体系，在各个环节当中，高校教师都能从中有所收获。高校教师教学能力的培养不是一蹴而就的，而是一项必须长期坚持的系统工作，需要一套系统的制度体系来支撑。国家、地方政府以及高校都是这套制度体系建设的参与者，这三层管理组织都是高校教师教学能力提升制度的设计者，需要三个组织层面共同发力。各个方面的力量支持对于高校教师教学能力的提升有着重要的意义，国家制定宏观政策，地方政府根据地方特点对高校进行指导，高校则根据自身的实际情况制定制度体系。充分利用三个层面的力量，打通层面之间的沟通障碍，各个层面连为一体，充分地开放各个层面的优势以及有效资源，进而提升各方参与教学能力培训工作的积极性。在各个层面的努力之下，最终建立一套上下联动的制度体系。这是我国在高等教育发展探索并借鉴国外先进经验后所应遵循的发展方式。通过制度体系为高校教师教学能力提升提供多方面的行动保障和指导。高校教师教学能力培养工作有了制度支持，就可以遵循制度进行活动，为教师提供制度保障，教师教学能力获得高校和社会认可后，其会更具有积极性。将教师教学能力培养的成果惠及每一位有需求的高校教师，这是建立教师教学能力培养制度必须遵循的原则。以教师为本，将教师放在中心位置，以此来建立制度体系，可以更大程度地发挥教学能力培养制度的优势和作用。

第三节　数字化视域下高校教师教学能力提升策略的实现方法

制度体系的建成直接保证了高校教师教学能力培养的切实执行，但是，在这之前，如何设计教学能力的培养制度对于培养教师教学能力有着巨大的作用。制度是一个系统，设计高校教师能力培养制度必须遵循一定的原则，并要把握一定的方向。制度建设需要从国家、地方政府以及高校三个层面来建立健全，为高校教师教学能力的提升提供更好的保障，切实地提高高校教师的教学能力，促进我国高等教育平稳发展。

一、制度建设推动策略落实

实现高校教师的发展，必须以教师为主体，将教师放在关注的第一位。也就是说，高校教师的自主性和个性化是实现教师教学能力发展离不开的因素。对于教师教学能力进行形式上的培训和教育固然重要，但是教师个人的自我要求可以更好地发挥教师自己的主动性。所以，高校教师教学能力提升策略要真正地落到实处，首先要保证教师群体对这些项目内容是接受的。教师有提升教学能力的需求，才会有更强的学习动力。高校教师实现发展需要外部和内部双方面的动力作为支持，只有这样教师才会更有动力去提升自己的教学能力。外部动力包括物质和非物质的奖惩，而内部动力则是高校教师内心对于自我能力提升的需求程度。为了使高校教师教学能力提升策略更好地执行，在设计高校教师教学能力培养制度方面可以做以下的努力。

（一）建立良好的学术生态环境

高校学术生态环境是高校教师学术研究等学术相关活动良好的运行关系所构建的环境。高校学术生态环境对每一个在高校当中生活、工作和学习的人员都有巨大的影响。我国高等教育快速发展，但是在高校规模急速扩张的同时，高校学术生态环境普遍恶化，甚至受到社会的质疑。高等教育快速发展之下，高校教师也面临着巨大的利益诱惑和生活压力。高校学术环境受到越来越多的影响，高校教师为了获得更大的利益，甚至参与恶性学术竞争，进而产生了畸形的学术生态环境。高校在教师评价、培训等管理制度方面的不健全产生了一系列的问题，教师难以在教学方面获得展现能力和提升能力的平台，纷纷将精力投入科研工作当中，直接导致高校教学水准下滑，教师不能专心教学工作，难以实现高校教育水平的提升。一旦形成这种恶性的高校学术环境，高校教师将不会关注自身教学能力的发展，对教育工作投入的精力越来越少。可以说，高校教师教学能力的培养必须拥有良好的学术生态环境，在良好的学术生态环境当中，各种提升教师教学能力的策略才会有施展的空间。

（二）遵循教学自由的原则

教师教学能力需要在一个自由的环境之下才能获得发展，教学自由是教师实现教学创新的基本条件。在教学自由的环境之下，教师教学能力必然会获得发展。我国很多高校在师资管理方面沿袭了行政机制，对高校教师的教学活动的方方面面都有限制，这大大压制了高校教师的教学自由，教师在教学过程当中很难发挥自主思考的能力。教师失去自主性，难以拥有教学决策的权利，导致课堂教学活动变得十分压抑。教学活动本就是一种需要创造性的活动，特别是高校教学，更应该注重创造性。高校教师失去了教学自由，就难以在教学过程当中发挥自己的主观能动性，教师创造性被压抑，教学能力难以获得发展。在这种失去教学资源的教学管理之下，教师就会逐渐失去对教育工作的热情，大大地降低了教师教学工作积极性。在压抑的管理制度之下，教师缺失了教学创新的欲望，难以在教学方面下功夫，难以推动高校教学的改革和进步，继而错失了教学能力提升的机会。高校教师教学能力的培养需要先建立自由的教学环境，制度建设是为了提升教学能力，而不是限制教学工作。所以，不论是政府还是高校，在制度建设方面都不应该限制教学自由的推进，要为教师提供一个可以充分发挥自己教学能力和教学理念的环境。高校教学环境需要有不一样的声音，各种教学形式相互交流才能不断为教师提供更强的教学创新力。

（三）建立三层贯通的高校教师教学能力培养制度体系

建设高校教师教学能力制度，从根本来说，其实最终是为我国高等教育水平提供前进的动力，进而推动我国成为教育强国。高校教师教学能力培养制度需要国家、地方政府和高校三层组织共同完成。从我国高等教育管理结构来看，大体可以分为三层，国家和教育部推行的高等教师教学能力提升政策是上层，对我国高等学校教师教学能力起着总体的引导作用。地方政府承担着这个结构的连接者角色，地方政府要领会国家下发的政策指示，并结合本地区的高等教育发展情况，进而向高校下达更为具体的高校教师教学能力提升制度建设要求。地方政府上面是中央政府的领导，而对下则要对高校教师教学能力提升进行指导。高校是结构的第一线，高校直接与教师接触，高校根据国家和地方政府的政策指导，建立科学合理的教师管理制度，为高校教师教学能力提升保驾护航。我国的行政体制属于自上而下的管理方式，上级直接管理下级。在这三层管理层级当中，必须坚持中央政府的统一领导地位。在中央政府的指示之下，地方政府对本地区高校给予一定程度的引导和帮助，但是必须保持高校的自主权。切实完成上级部署，同时根据自身实际情况进行适当的调整，三层管理模式实行上下贯通，从管理组成的层面来实现高校教师教学能力提升策略有效实施的目的。

（四）重视人本，建立法制化教师教学能力培养制度

推行教师教学能力提升策略，建设教师教学能力提升制度，不仅要树立法制化的观念，还必须强调人本观念，推行人性化。法制化和人性化并不是对立的两面，两者的结合才是组织管理所追求的目标。同时，建立具有法制化和人性化的高校教师教学能力培养制度也是极其有必要的。总的来说，一方面，高校教师教学能力培养制度必须具有法制化，国家层面通过立法的形式保障教师接受教学能力培训的权利，这需要法治强制性的介入来确保培养策略得以实施。实现法制化是确保高校教师教学能力培养工作实现科学化、落实发展策略的根本保障，可以确保高校教师教学能力培养工作获得稳定性，实现连续工作，将教学能力提升策略进行到底。另一方面，高校教师教学能力培养制度当中必须体现人性化。人本管理是当前组织管理不可缺少的要素，通过人本管理能够有效地提升教师个人的内在自主性，提升激励手段的有效性。通过人本管理可以将组织的意志变为教师个体自觉的行为。高校教师教学能力培养不仅仅需要刚性的法制化管理方式，还需要更为注重人文情怀的人本管理模式。通过制定人性化的管理制度，为教师提供物质上和精神上的支持，充分地考虑教师的个人需求。人性化的融入有助于高校更加深入了解教师，对教师的激励手段更具有针对性，更利于提升教师教学能力策略的落实。

（五）高校教师教学能力培养制度多样化

随着高校不断扩招，我国各所高校教师队伍越来越庞大，同时高校教师队伍的构成也比较复杂。从教师的教龄来看，既有仅一两年教龄的青年教师，也有长达几十年教龄的经验丰富的老教师；从教育背景来看，我国高校教师并不都经历过师范专业的教育，相当一部分教师并没有接受过师范教育；如果从教师讲授的课程来看就更为复杂，包括公共课、专业课、理科类课程以及文科类课程等。总之，对高校教师群体进行划分可以有很多种分法。不论如何划分，教师的教学能力发展情况都是不同的，教师所需要的培训内容也各不相同，这说明培养教师教学能力必须尊重教师的个性。所以，在构建高校教师教学能力培养制度时，必须充分地考虑到教师的个性需求和特点，这也是以人为本思想的体现。教师个性是教师独立性的体现，高校本就应该主张个性的展现，这样才会推动学术的发展。所以，建立教学能力培养制度必须尊重教师的个性。

二、高校教师教学能力提升策略实施所需的支持

（一）国家对高校教师教学能力提升策略实施的支持

高等教育相关的法律和政策都是由国家制定并推行的，对高等教育发展的政策和制度体现了国家意志，是我国指导高等教育发展的具体规范，同时也将直接影响高校教师教学能力发展的整体大环境变化。我国通过《中华人民共和国高等教育法》和《中华人民共和国教师法》（以下简称《高等教育法》《教师法》）等法律法规对高等教育进行规范和管理。不过我国在宏观层面还可以继续完善相关法律，以给予高校教师教学能力提升更大的支持力度。当前来看，《教师法》和《高等教育法》等相关法案仍然需要完善，以满足时代发展的需要。在对内容进行完善时，可以将高校教师教学能力具体培养的要求写入其中，确保高校教师教学能力培养制度的法制性。

高校教师准入制度必须完善和明确。高校扩招导致学生数量巨大，而高校教师却难以满足庞大的学生数量要求，所以很多高校都将部分课程改为大教室上课的模式，解决了教师不足的问题。可是这样一来，就降低了教学质量。为了解决师生比例的问题，高校加大吸引人才的力度，在教师准入标准方面更加看重求职者的教育背景和学历以及科研能力等，对于求职者有无教学经验、是否接受过师范类教育并不是十分在乎。也就是说，当前很多高校在聘任教师时存在一个误区，认为只要有高学历、受过良好的教育、有科研能力，就可以担任高校教师，就能够胜任教学的工作。所以，国家应该发挥宏观管理的能力，对高校教师的准入条件进行限定，不仅要具有良好的教育背景和较高的学历，教学能力的高低以及是否拥有教师资格证书都应该成为高校考察的标准。高校为了补充教师数量而忽视求职者的教学能力，必然会拉低高校教学的水平。

为了引领高校教师更好地发展职业生涯，国家应该大力支持教师教学能力的提升，通过宏观政策的引导，转变地方政府以及高校管理层的观念，这有助于教师提升专业能力的积极性；通过对比职业发展标准，高校教师能够更为直观地发现自身存在的不足，并有针对性地进行改正。所以，必须制定具有参考价值的、具有统一性和广泛性的高校教师专业发展标准。高校教师专业发展标准不仅要有专业能力的评价，还应有专业精神。专业能力主要指教师的教学能力和专业知识水平等，而专业精神则是教师对于职业的认可和专业操守等内在素养层次。

（二）地方政府对高校教师教学能力提升策略实施的支持

地方政府在教师教学能力发展方面承担着重要的职责，是制度的建设者之一，地方政府也是高校教师教学能力提升策略参与者之一。地方政府正处于国家和高校之间，承担着承上启下的重要作用。因此，地方政府应该在以下方面进行努力。

首先，根据国家推行的《教师法》以及《高等教育法》等法案政策，对本地区的高校教师教学能力提升制度建设提出实施意见。发挥地方政府的引导作用，帮助高校完善制度建设工作。地方政府推出《高校教师教学能力提升培训指导意见》等制度性文件，将高校教师教学提升作为地区发展政策，为高校教师教学能力培养工作提供保护。另外，地方政府要放权，支持高校自主权的建立，将教师培养工作放手交给高校去完成，政府做好引导工作，对高校予以经济支持。为了鼓励高校以及高校教师更加重视教师教学能力的培养，地方政府的教育部门可以组织高校教师教学竞赛，通过竞赛的形式吸引青年教师的参与，激发青年教师提升自身专业能力的动力。而经验丰富的教师可以不必参加，但是要担任青年教师导师的任务。总之，通过地方政府的组织，调动本地区高校之间教师教学比拼。青年教师参赛，有经验的教师则作为指导，充分调动本地区高校教师的积极性。通过这种竞赛的形式直接为各个高校搭建交流的平台，共同推动教学水平的提高。在交流当中优秀的教学经验和教学方法会被共享，实现共同学习，并挖掘优秀青年教师，促进良性竞争的产生。

其次，地方政府教育部门可以推行建立高校教师教学改革立项或教学成果评测制度。我国高校一直存在重学术、轻教学的不良风气，地方政府根据本地高校实际发展情况，可以建立高校教师教学成果评测或教学改革立项的制度。通过这种鼓励教学创新和教学研究的方式，发挥地方政府教育部门的引导作用，鼓励教师积极投身高校教学建设当中，对教学工作予以重视。另外，通过三方权力组织的发力，确实可以为高校教师教学能力提升保驾护航。

（三）高校对于高校教师教学能力提升策略实施的支持

从培养高校教师的层面来看，高校是最直接的组织者和实施者。高校教师教学能力培养工作由高校直接负责，高校管理者必须摆正观念，师资队伍仅仅靠引入是难以满足高校发展要求的，只有培养属于自己的教学人才，才是数字化视域下高校人才队伍建设的发展道路。高校建立科学合理的制度，可以为教师教学能力提升策略的实施打好基础。高校可以建立以下制度为教师教学发展机构运行保驾护航。

首先是教师助教制度。这一制度是专门面向青年教师的制度。刚入职的青年教师教学经验不足，需要继续提升教学能力。在科学合理的管理制度之下，高校可以充分地利用制度优势，借鉴发达国家的经验，在培养教师方面运用各种方式和策略。另外，高校通过教师集体交流可以发挥老教师的经验优势，由其对青年教师进行指导，通过这种方式不仅提升了整体师资队伍力量，还拉近了教师关系。另外，必须充分地运用各种方式进行教师课前准备。课堂教学的质量往往与教师课前准备程度有直接的联系。要让高校课堂教学效果令人满意，就需要教师做好课前准备工作，教师认真备课，做好上课的准备，才能在教学当中有条不紊，取得良好的教学效果。而进行集体备课，则结束了传统高校教师独自备课的情况。教师独自备课就是单打独斗，在集体备课当中，教师们相互吸取彼此优点，吸纳了集体的智慧。同时，集体备课并不会限制教师的教学自由，教师在汲取了群体的智慧后，再加入自己的理解与教学风格，可以带来更好的教学效果。而且，集体备课可以在高校形成良好的教学风气，新老教师平等交流，共同提高了教学能力。教师听评课是教师之间相互学习的过程。通常在教师教学发展机构当中会有这样的实践，但是毕竟不是真正的课堂。其次是建立教师听评课制度。教师直接进入课堂聆听其他教师的课程，这对于高校教师们来说绝对是受益匪浅的。青年教师在资深教师的课堂上学习更多的教学方法和经验，而资深教师也可以学习青年教师具有新意的教学方式。

第六章
数字化视域下高校教师能力提升的队伍建设

第一节　数字化视域下高校教师队伍的组成

数字化视域下，信息传播极其发达，对高校发展提出很大挑战。面对这样的时代特点，高校更应该将教师队伍这一基本的、核心的资源打造到极致。要想实现高校自身的快速发展，培养出适应时代的教师队伍是高校建设永恒的、最基础、最重要的任务。适应数字化的高质量教师队伍，必然是一个科学、优化的整体，而这样的整体必然是由高水平、高素质的教师共同构成的。

一、人力资源配置理论及层次

对于人力资源配置这一问题，不论是国内还是国外的学者都有着不同的看法和解释。通常会有三种较为普遍的认知：第一种，认为人力资源配置是对人员进行岗位安排，确保人人有事可做，每个岗位有人能够担任；第二种，更加重视人员和岗位的双向选择与匹配程度；第三种，相对来说更为全面，认为人员不仅应该适应相应岗位，还能够与周边环境、人际相互适应，重视岗位匹配度的同时还重视社会性等各种影响关系。从上述三种观点来看，人力资源配置绝不是一件简单的事情，不仅要做到人尽其用，还要注重整体效果。我们可以将人力资源配置看作一种根据一定标准和需求把劳动力分配到社会生产以及各种经济活动当中的过程。作者认为，从过程上看，人力资源配置与开发人力资源有着密切的联系，是实现人力资源价值的重要环节；而从结果来看，人力资源配置是为满足社会经济活动需要而对人力资源进行配备所呈现的一种结果。

从宏观角度来看，人力资源在配置上通常有三种模式：第一种是计划配置。这种配置模式是根据职位规划、比例对劳动者进行岗位分配，将人力资源根据各个部门的需求来进行配置。第二种是市场配置。这种方式是根据人力资源的供求关系，以及劳动者和单位之间是否相互认可来决定的。第三种是综合型配置。这种方式融合了前两种配置模式的特点，是将计划和市场相结合的一种人力资源配置模式。总体来看，宏观角度下的三种配置模式是在劳动者和单位之间建立一种相互匹配的关系。从微观角度来看，人力资源配置有三种模型：第一种是"人岗关系"型。这是根据岗位需求来对人员进行分配，通过招聘、竞争、试用等方式实现人员和岗位高匹配。第二种是移动型配置。这是通过对人员的岗位进行上下、左右的移动来满足岗位的人力需求，通常表现为职位的晋升、降职或是平行调动。第三种模型是流动配置型。这种模式是利用单位内部的人员流动来确保岗位人力需求，通常的表现形式包括安置、调整以及辞退。

二、数字化视域下高校教师资源的特点

高校与其他企业组织不同，同样也不同于政府组织。政府组织在人员管理方面有着严格的上下级关系，下级要对上级负责，并遵照上级委派完成工作任务。企业组织最终的发展目标是获取更大的经济效益，因此，企业通过利益来维系整个组织的运行和管理。对于高校来说，最核心的人力资源是教师队伍，是学术人力资源，这样的人力资源是不能用企业或政府的管理方式进行配置的。高等学校的特殊之处在于，其整体是一个有序的组织，但是内部又呈现一种无序性。这是因为任何高校都必须有完整的管理和组织结构，在有序的组织下，各个部门才能有序地进行工作。完整的管理架构之下，高校在财务、人力和研究等方面的工作才能有所遵循，形成一套有组织的机制和规范。高等学校以培养符合社会需求的高等人才为目标，虽然高等教育越来越多元化，但其根本目标仍没有变。所以，高校教育的发展根基还是要抓住培养人才的重点。

高校的人力资源具有一般人力资源的共同特点，但是了解其个性特征才能对高校人力资源更好地运用和配置。首先，高校人力资源有很深厚的人才存量。高校是孕育高等人才的摇篮，高校的教学科研队伍是高校的核心人力资源，同时也

是人类社会文明的传承者。这些高等人才队伍肩负着培养人才、科学研究以及其他社会工作的责任，他们普遍有着较高的能力和才能。由于拥有着丰富的人才储备，因此高校的人力资源有着丰富的存量。其次，高校的人力资源具有高层次特点。高校教学科研人员普遍有着优越的教育背景，掌握着专业甚至是尖端的知识技能，因此，他们更具有个性，更注重个人能力的表现。

高校人力资源还有共享性特点。所谓共享，是指人自身的能力和才能可以被重复使用。在如今的现代化社会，人才成为众多企业机构争抢的对象，高校教师队伍有着优越的专业能力，因此相当一部分教师不仅在高校有着本职工作，还有社会兼职。对于高校人力资源管理者来说，如何在教师的本职工作和兼职工作之间做到平衡，是必须考虑的问题。高校教学科研人员具备出众的能力，往往有着更大的人生理想，高校如何实现这些人员的理想，也是必须考虑的问题。

高校人力资源另一种与其他人力资源不同的特点就是高校人力资源的劳动成果难以进行量化。高校人力资源属于脑力劳动者，脑力劳动是难以量化的，这是一种无形的工作。所以，难以对高校人力资源的劳动进行监控。高校教师不仅承担着教学的任务，相当一部分教师还是科研工作者，科研工作耗时长，要投入大量的精力进行科学思考。这些无形的工作难以计量，另外高校教师优秀的思想对学生才能的提升甚至未来人生的影响都是难以估计的。所以，其工作成果难以实现量化。最后，高校虽然是高等人才的摇篮，可是，人才稀缺的情况也并不少见。随着时代的发展，社会和时代都对高校教师的能力提出了更高的要求。高校教师不仅要具备扎实的专业理论基础和一定的科研能力，而且要具备跨学科的能力。同时，其他企业组织对人才的渴求度日益提升，都成了高校争夺人才的竞争对象。

三、数字化视域下高校教师队伍的构成

数字化视域下，高校的组织运转要更具有效率，处理信息能力要不断加强。作为高校核心人力资源的教师，在自身提升能力的同时，也要更新观念，对高校人力资源进行重新组合。到目前为止，关于高校人力资源的构成仍有多种观点。在高校教师队伍当中要明确分工，教学、科研人员的职责要清楚标明。教学人员的主要职责是培养人才，承担授课的任务；科研人员则是要承担科学研发的工作。高校教师队伍主要是由教学人员和科研人员构成的。负责管理的是管理人员

队伍，管理人员不仅负责教师的管理工作，还要承担学生的管理职责，是保证高校正常运转的职能人员。

建立高校教师队伍，要从两个基本方面进行考量。首先是教师群体素质结构方面。所谓群体素质，也可以说是高校教师队伍组建的"硬实力"，包括年龄、职称、学历、学科以及学缘等。高校教师队伍的年龄结构应该均衡，教师年龄梯队应该保证老中青三个年龄段的分布。注重年龄搭配，可以避免教师队伍出现年龄断层的情况，做好年龄结构布局，可以为高校的人才储备提供一定指导。职称是展现教师素质的参考之一，通常来说，在一所高校当中，教授、副教授的比例越高，说明该校的教学科研能力越强。学历是教师教育背景最直接的展现，高校教师队伍当中高学历比例高，一定程度上来说，教学和科研能力也就高。高校教师学科分布展现了一所高校的办学特点。从传统来看，工科院校当中工科教师比例相对较高，师范类院校当中师范专业教师比例相对较高。但是随着高校发展以及跨学科、文化多元等理念的推广，越来越多的高校开始向综合类大学发展，学科愈加丰富。最后一个方面就是学缘，合理的学缘结构可以避免学术科研产生"近亲繁殖"的现象。培养、引入更多的课题、学术带头人，丰富高校的教学与科研元素，调动更为活跃的高校文化氛围，能够建立更具特色的学缘结构。

教师个体素质结构可以看作高校教师队伍的"软实力"，包括理论知识、综合能力、道德素养、生理心理状态等。高校教师具备扎实的理论知识是必备的能力。理论知识不仅包括本专业及教育学科理论知识，还应该掌握本学科相关的跨学科知识，增加自身理论知识的广度和深度是高校教师必须具备的基本能力。综合能力指的是教师应该具备较强的逻辑、观察、教育、表达等多方面的能力，这是教师整体素质的展现。另外，教师还应具备良好的道德素养。教师具有正确的世界观、价值观才能带给学生们正确的思想导向。

对高校教师队伍进行配置时，要确立目标，没有明确的目标；高校教师队伍的构成配置就会盲目，没有方向。高校教师队伍的组成应符合高校自身的特点，并结合教师人力资源的特质。前文提到高等学校不同于政府、企业组织，在组成教师队伍的过程中要考虑多方面的元素。高校不是独立存在于社会中的，高校应该对市场需求有更多的了解，政府不能对高校直接干预，但是政策性的指导也是不可缺少的，可以说，市场、政府、高校三者之间相互联系。高校教师队伍的构成也要考虑到社会及政府，坚持高校公益性的前提，加强教育公平的推进。

高校教师本身也是具有特点的，特别是在新时代下，不能再用传统的观念去定义高校教师了。在数字化视域下，高校教师有着更多元的价值观，高校教师也是普通人，同样有着多样的需求。物质收入是生活的保障，这是最基本的需求；从精神层面来说，被认同、被尊重的精神需求也同样是高校教师所需要的。所以，在数字化视域下高校教师呈现了多元的需求性。总体来说，高校教师队伍的组成不是高校挑教师，也不是教师肆意选岗位，而是市场、高校、政府以及教师本身需求的综合结果。

第二节 数字化视域下高校教师队伍的建设规范

对于高校管理者来说，数字化视域下高校教师队伍的建设要更新理念，"以人为本"是在人员遵守管理制度的基础上必须具备的管理理念。"以人为本"强调了"人"的地位，重视被管理个人的自我需求。从高校的角度来看，"以人为本"就是将教师放在了核心位置，真正关注教师的需求，不仅仅是物质需求，更包括了精神层面的需求。在管理方面，注重教师全面、健康的发展，积极推动教师参与教学和科研，满足教师的需求，从而实现教育的效益最大化。高校还要为教师的个人发展提供平台，教师个人综合素质的提升最后还将反馈给高校。高校要设法将教师个人的发展目标与高校的发展需求相连接，从而实现教师个人与高校集体的共同发展、成长。

一、数字化视域下高校教师队伍建设理念

（一）以人为本

高校所承担的责任众多，除教学、科研外，还承担着社会服务职能。教师作为高校人力资源的核心力量，是发挥高校职能的主体，特别是在教育与科研方面

有着难以替代的作用。因此，高校管理更应该将人放在中心地位，重视教师的地位，将满足教师的需求放在重要的位置，提升教师工作的主动性和创造性，实现"以人为本"其实也是高校进一步发展的要求。贯彻"以人为本"的观念，最终实现"人本管理"。树立人本管理的思想需要在以下几点加大努力。第一，将教师作为人事管理的中心，重视教师的位置，通过多种手段来激发教师积极性。第二，教师的职业发展也关系到高校的发展，因此管理活动要以教师为中心，推进更多的活动。第三，高校对教师应该做到尊重、理解，提升教师的自信心，给予教师更多的认同感，激发教师的潜能。通过对人员队伍实现人本管理，从而建立一个勤于学习的整体氛围，由教师带动学生，在良好的氛围之下打造孕育人才的摇篮，将高校的职能充分地发挥出来。

（二）能本管理

与人本管理相搭配的另一个理念就是"能本管理"理念。这一理念就是将能力作为岗位任职的基础进行管理的方式。将能力作为人员管理的基础，通过科学而有效的方式将人员的最大潜力发挥出来，在最大化地实现个人价值的同时，也实现了整体的巨大进步。在数字化视域下，知识就是力量，智力和技能变得更为重要，而创新能力又是在知识、技能的基础之上推动甚至改造世界的重要能力。所以，将能力放在重要的位置，让不同的能力在相应的岗位上发挥作用，在实践当中有着广泛的应用。

数字化为高校提供了发展的巨大空间，也加强了高校间的竞争。可以说，高校提升自身竞争力已经变得刻不容缓。所以，高校在人员管理方面要紧跟时代发展，将"能本管理"的理念用于高校教师队伍的管理和配置。高校在教师队伍的组建和配置方面，要将教师的知识、技能、创造力以及合作能力列为首位，高校的发展需要教师来推动。教师自身能力的提高能够更好地展现自我的人生价值，同时也能够推动高校发展，贡献自己的力量。对于高校来说，以教师为中心，重视人才，对每一位教师的努力给予尊重和鼓励，将能力作为衡量教师的重要标准，从而激励教师进一步提升自身，发挥更大的潜力。

高校实行教师岗位配置要做到人尽其才，通过"能本管理"将教师的各方面能力发挥到极致，实现个人与集体双重价值的实现，而"人本管理"则强调了教师个体的地位，有效地提升了教师的积极性，提升了高校的运转效率。"能本管理"与"以人为本"两种观念共同推行并不矛盾，而且会相互助力，产生更大的积极作用。在数字化视域下，个人的时间能力、创新能力在经济发展当中发挥着重要的作用，现代管理也由机械、命令式的管理发展为"人本管理""能本管理"，直至今天的"以人为本"的观念。"人本"和"能本"都不可或缺，都是数字化视域下高校教师队伍管理与组建必须具备的思想观念。

二、高校教师配置机制

（一）高校教师队伍建立的基本关系

高校教师资源的配置受市场与政府两方面影响，所以改善高校教师配置机制要从两个方面来考虑。第一，确保市场的调节作用；第二，政府的干预性不可缺少。如何在两者之间实现平衡，寻找到最佳的支撑点，是改善高校教师配置机制的关键。配置高校教师队伍的前提是分析在数字化视域下人力资源配置系统中各个运行主体以及确立各种基本关系。

（二）创新教师管理模式

1. 开放的编制管理

为了提升用人效益，教育主管部门对高校教师职务的评定正在逐步向教师职务结构比例宏观指导的方向发展，进而将会发展为高校自主控制、自主建立教师队伍。所以，高校在师资管理方面的规划要具有开放的观念，不仅要吸引人才还要留住人才，对人才进一步培养。另外随着发展，当前高校的教师编制已经呈现固定编制与合同制相结合的聘用方式，高校固定编制教师必然会越来越少，逐步减少教师固定编制来增加流动教师比例，从而为高校之间互聘教师以及聘用更多有能力、有经验的社会人才做准备，最终建立一支以中青年教师为主力、兼职教师为辅助力量的相对稳定但又具有开放性的教师队伍。

2. 开放的聘任方式

开放的聘任指的是在教师聘任方面，高校与教师个体地位平等，建立清晰明确的聘用关系，聘用流程严格遵照法律规定，制定双方满意的契约，推行双向选择、双向竞争的机制。打破传统高校教师固定编制的束缚，教师和高校都有充分的自由选择权利。通过这种方式，既能够保障双方的合法权益，又能够使双方有巨大的选择和发展空间。高校教师论资排辈的时代早就过去，要想实现高校教师队伍的发展必须推进竞争择优的聘任制度。由曾经的行政任用关系向平等协商的聘用合同关系转变，是高校组建适应数字化背景的教师队伍的特点。

3. 科学的考评方式

高校要不断推进教师的考评管理制度，通过科学的考评标准和方式，对教师的工作进行严谨、客观的考核。通过考评来对教师工作进行评定，进而与教师的晋升、奖惩联系起来，可以进一步激励教师更好地工作。高校必须考虑到教师对于工作的主观热情，利用物质与精神的激励，让教师获得更强的工作积极性。同时，高校管理人员应该意识到，对教师的激励要尽量顾及教师的个性特点，满足教师的个性化需求，这样往往会起到意想不到的激励效果。

三、高校教师队伍优化配置

（一）优化高校师生结构

师生比直接反映了高校的办学效率和办学质量。随着我国社会的发展，在数字化视域下，高校不断扩招，导致每年高校招生数量都呈上升趋势。部分高校教师不仅要承担教学任务，还承担着科研的工作或是研究生教育工作。大量高校学生必然会给高校教师带来更重的教学任务，导致工作效率降低。以美国为例，办学能力越强的高校，其师生比例越低，美国名列前十的高校师生比甚至达到了1：6.73，而拥有硕士学位授权资格的前四十名大学的教师与学生比约为1：13。由此可见，合理的师生比能够使高校保持高效的办学状态。高校应该严格控制后勤人员的数量，后勤人员占高校职工比例越高，高校办学效率就越低。高校要革新后勤工作，对行政管理和教辅后勤等机构进行简化，精减后勤人员，增加教学人员，将更多的编制与聘任机会留给教师与科研人员。

（二）职称结构优化

职称反映的是高校教师队伍的教学科研能力。高校教师队伍属于高智能、高水准的人力资源。对高校教师的职称结构进行优化，可以更好地发挥高校教师队伍的教学科研能力。建立科学合理的职称梯队，对于提升高校办学水准有着重要意义。高校教师职称级别可以分为高、中、初三个层级，高级为副教授以上，中级为讲师，初级为助教。如何对三个层级进行比例优化当前还没有统一的观点，但是，从当前我国高校实际情况来看，实行"二四三一"的职称结构更为适合，也就是助教、讲师、副教授、教授的比例为2∶4∶3∶1。"二四三一"的模式也仅仅是作为参考，高校在教师职称结构优化上还是应该以自身发展实情为准。职称结构优化应该做到分学科地进行，教师职称结构不是一成不变的，要考虑到教师流动的情况，确保高校办学水平。职称结构优化实际上是打破了传统职称结构，推进职称评定的新方式，激活高校教师队伍的积极性。

（三）学历结构优化

学历反映了教师的教育背景，一定程度上成为教师业务能力的参考标准。进入21世纪，我国愈加重视全民受教育情况的提升，2001年我国高校教师具有硕士学历的比例仅为32%，但是到2005年我国本科高校中教师具有硕士学历的比例已经达到60%以上。如今，我国以教学科研为主的高校在聘任教师时更是将硕士学历作为最低入职学历。可以说，我国在推进教育改革上下了巨大的功夫，不过优化高校教师学历结构的工作仍要坚持。高校教师招聘标准不能降低，将硕士学位的教师作为主力的同时，要继续引进博士学位的人才，革新激励人才的制度，吸引更多的人才加入高等教育事业当中。对在职教师的继续教育不能停歇，鼓励教师继续学习，为高校在职教师继续攻读学位提供便利的渠道。优化高校教师学历结构，推进高校不断发展。

（四）优化年龄结构

数字化视域下，高校教师的年龄结构从一定程度上反映了高校教师队伍的活力。年龄小的教师，有更充沛的精力，学习能力更强，特别是年轻教师有更强的信息收集能力。但是年轻教师经验少，在教学与科研方面还需要更多的历练。而年龄大的教师经验更加丰富，对学生的指导水平会更高，相应地，年龄大的教师的精力较年轻人更不足，学习能力要低于年轻人。所以，高校教师年龄结构必须合理，需要保持教师队伍当中各年龄段教师数量的平衡，这符合自然规律。从总体来看，高校教师队伍应为金字塔结构，青年教师稍多于中年教师，中年教师稍多于老年教师。高校要确保教师队伍的活力，同时在一定程度上又要保留老教师的经验，做好老、中、青三代教师的比例控制，推进高校教师队伍的建设。

第三节　数字化视域下高校教师队伍建设中面临的困难

一、数字化视域下高校教师队伍建设中面临的问题

（一）教师配置效率低

20世纪末，我国大力推进高等教育发展，我国高等院校大规模扩招，从而建立了较大规模的高等教育体系。在这样的背景下，高等教育资源配置也相应发展。可是带来的问题也日益显著，高校学生数量急剧增加，可是高校教师数量增长缓慢，导致师生比例失衡，难以确保教学质量。由于师生比例失衡，所以我国高校常出现百人甚至百人以上的大课堂局面，甚至部分院校在专业课程上也出现大课堂的情况，这就说明缺乏专业教师。由于师生比例失衡，某些院校会安排一些专业性不强甚至重复性的课程，避免因为教师不足导致学生难以完成学分。这样一来不仅耽误学生时间，更降低了学生的学习热情，拉低高校的办学水平。

（二）年龄结构不合理

高校教师年龄结构指的是教师队伍的平均年龄以及年龄阶段的分布状况。年龄结构不仅反映了教师队伍的活力，也体现了其创造力的水准。对于高校来说，教师年龄结构分布不仅仅要看年龄比例，还要看在高、中、低三个职称级别当中年龄的分布情况。应该确保高校教师三个职级当中老、中、青三个年龄段的教师的数量合理。随着我国高等教育的发展，中青年教师数量不断增加，所以近年来中青年教师占比也呈上升趋势。当前高级职称当中的中年教师占比越来越高，说明中年教师成了高校的教师主力，推动高校发展。但是，当前我国高校教师年龄结构方面出现的一个问题就是高级职称中55岁以上的教师占比仍然较高，这说明青年教师的能力需要提高，以增加青年教师在高级职称当中占据的比例。

（三）"近亲繁殖"的学缘结构

学缘结构是指教师完成某一级学历教育的毕业院校和所学专业的构成情况。学缘结构表明了教师队伍当中学术互补的情况，良好的学缘结构可以表现出更为活跃的学术氛围，为产生新观点、新理论提供了学术土壤。当前我国高校越来越注重学缘结构的搭建。一些院校在招聘教师时往往会设置一定的比例用来招聘其他地域的教师，从而避免学缘结构出现"近亲繁殖"情况。但是，一些重点高校学缘结构的"近亲繁殖"情况仍然严重。出现这种情况的原因通常有两个方面：一方面是高校或教师对于培养成才的优秀学生产生"爱才"心理，希望学生能够毕业后留校任教，为高校发展贡献力量。另一方面是学生自身，一些学生在经历研究生甚至是博士生的学习生涯后，已经习惯于本校的生活环境，最后选择留校任教。但是西方发达国家对于学缘结构是严格控制的，部分学校甚至禁止招聘本校毕业学生，而美国某些高校为了丰富学缘结构，不仅吸收不同学校毕业的教师，甚至会大量聘用不同民族和国籍的教师。通常来说，一座高校当中教师教育背景愈加多样，校园内的学术环境就愈加活跃。不同学缘结构可以产生不同的观点，思想的火花不断碰撞，形成思想上的互补，最终可以提高教师的学术水平。学缘结构出现"近亲繁殖"就难以出现思想碰撞，难以产生创新。

（四）师资浪费

所谓"师资浪费"是指高校教师队伍不够稳定，高校教师将精力投入与教学科研无关的方面。特别是随着近年来"拜金主义""享乐主义"等不良风气的影响，我国很多高校都出现了这种师资浪费情况。一些教师在高校任职期间，还去社会上做兼职，常常在兼职工作上投入更多的精力和时间，进而影响了在高校的教学科研工作，导致了高校师资浪费的情况发生。

"师资浪费"呈现为两种情况。第一种是智力外流。高校教师为了获得更多的经济收益，往往在社会从事其他工作，导致高校工作受到影响，这种情况就是智力外流。青年教师的智力外流情况尤其明显，一方面要保留高校教师这一稳定工作；另一方面又留恋于社会兼职的高收入，最终导致高校工作质量下降。随着高校独立性越来越强，高校为了留住人才，对于高校教师的待遇和补助越来越重视，同时国家也大力扶持高校的发展，社会对于教师的认可度越来越高。青年教师的流失也有所缓解，但是这种师资的隐性流失仍然存在，这也给高校师资管理者敲响了警钟。不能控制这种隐性流失，不仅会对高校的发展产生阻碍，甚至会对我国教育事业的前进造成不良影响。

"师资浪费"的第二种表现就是骨干教师更青睐于行政职务的提升。部分教师受"官本位"思想的影响,热衷于行政管理岗位。教师在担任行政职务后精力必然会被分走,教学和行政分属两个领域,同时进行必然消耗大量精力。教学工作的质量也就必然会下降。高校发展的根本在于教师资源,教师重视行政工作,教学工作必然被耽搁,高校的发展必然会变得缓慢甚至停滞。

二、数字化视域下高校教师队伍建设出现问题的原因

(一)环境因素

1. 政府资源配置方式的问题

我国在20世纪末大力发展高等教育,对高等教育发展投入的经费逐年增加,可是与发达国家相比仍然有一定的差距,同时高校却又快速进行发展和扩张。高校的人力资源配置行为也受市场影响,导致了不均衡、不合理的情况。这种不均衡、不合理的表现有三点:第一,为了获得更快发展,高校快速扩招,导致学校规模不断扩大,这样做是为了获得政府更多的经费拨款,可是最终导致大量学生没有足够的教师来进行授课,导致高校教学能力下降。第二,高校追求的目标过大。在21世纪初,部分高校打出创办世界一流高校的口号,但是自身的能力在国内尚不能跻身一流大学。高校投入大量的成本,最终导致学校内出现"有大楼,没大师"的尴尬局面。第三,高校相互攀比。由于教师资源配置不均,部分高校为了获得更多的师资满足自身需求,不顾教育市场发展规律盲目升级,在教师资源上盲目扩张,四处"挖角",导致高校之间产生不良竞争,甚至出现为争抢人才而进行高消费的冲动行为。

2. 政府调控不力

政府应通过对人才市场的支持促进人才资源配置的合理化,从而满足市场对人才资源的需求。政府要以经济发展为目标,充分利用经济、法律以及行政手段,对人力资源、市场进行科学的引导,并加以科学、严格的规范,最终降低甚至是克服人才市场存在的弊端。当前,人力资源被各区域分割占据,各地为了保留人才纷纷用尽手段。由于各自为政,难以建立有效、科学的人力资源预测体系,对人力资源难以实行科学规划、科学指导,所以高校在教师队伍组建上就存在困难。这需要政府加大调控力度,打破人才隔阂,将不公平的现象消除,建立

公平、合理的政策规范。

3.高校教师资源配置速度缓慢

我国高校在人力资源配置上由计划向市场进行转变，管理模式也由封闭向开放转变，可以说我国高校人力管理有了巨大的改变。不过，这些转变还存在于物质层面，高校的人力资源配置还需要进一步实现发展。高校所提供的高等教育属于社会公共产品，是高校实现社会化的重要途径。政府在宏观层面是通过调控来对高校人力资源配置进行引导的。人才市场还存在弊端，导致人才资源不能合理地流动。人力资源配置速度缓慢直接影响了数字化视域下高校改革的推进。

4.科研工作呈现行政化

高校传统的管理模式有很强的行政管理倾向，可是如此就忽视了教师本身的精神需求和精神价值，导致教学、科研工作向行政工作倾斜。这样一来，高校行政机构管理者就会以管理者的身份行事，教师就成了被管理者。原本，高校行政机构应该是服务于高校教师队伍的，行政为教育做好坚实的后盾，确保教育工作有序展开，可是如今行政管理导致教育颠倒。在"官本位"思想的影响下，一些教师价值取向由教育走向行政，职位高于学识，权术重于学术。这样的状况就与高校重视人才、发展学术的理念背道而驰。高校想要组建教师队伍，想要培养更多的人才，就必须对自身的内部环境进行优化，加深高校教师人力资源的深度，营造良好的学术研究氛围。

（二）管理理念

随着思想的不断发展，我国高校在人事管理方面已经取得了巨大的突破。但是，我们也应该意识到，高校在人力管理理念方面还有所欠缺。对于教师的管理理念仍然受传统固有观念束缚，一些高校人事管理人员在思想上仍旧将人事工作当作行政工作进行，还存在模式僵化的状况，不能做到以人为本的管理。很多高校人事管理人员没有意识到教师是高校的立身之本，只是将人力当作成本，实现简单、模式化的人事管理。如果观念不更新，就容易出现轻视人才而重视岗位的情况，没有与高校教师资源实现良好的沟通。一些管理人员仍旧秉持着大投入才有大回报的观念，重视物资设备发展却轻视教师队伍的建设。资金对于高校的发展固然重要，但是没有高水准教师队伍也会使高校发展陷入困境。

（三）管理机制

为了适应数字化发展，很多高校都在人力资源规划、人才管理和引进方面积极地进行探索和实践，并取得了一定成果。不过，当前我国部分高校在教师队伍的建设和管理上没有长期规划。人力资源规划是考察人力资源管理的重要标志，也是人力资源发展、组织发展的必然选择。部分高校缺乏人力资源规划，就算有规划，很多也无法深入展开，难以对组织、管理等深层次活动产生影响。

1. 科学、规范地聘任人才

我国高校在聘任教师方面应该建立科学、规范的聘任制度，但是我国高校在这方面做得还不够。虽然当前我国高校重视人才的引进和聘用，可是在人才后续的培养上却没有提供足够的资源。部分高校在聘任教师方面，过度重视高水准、高职称的人员引进，虽然暂时提升了教师队伍的水平，可是却忽视了当前在职教师的培养。对于在职教师，部分高校没有提供足够的资金和平台，导致在职教师另寻高就。这就出现了一种奇怪现象：高校不断引入高水平人才，可是校内的教师骨干却难以长久稳定地在校内工作，纷纷流失。我国高校还存在一种现象就是"外来的和尚会念经"，部分高校将有留学经历的人才放在重点位置，甚至认为有留学背景的人才绝对强于本土培养的人才。这就出现具有留学背景的教师的待遇高于本土培养的教师，由于待遇不公平，导致很多人才流失。

人才流动滞涩、人才难以人尽其用。由于部分高校没有对人才资源进行整体规划，所以就没有人才发展的规划。为了避免人才流失，部分高校不得已限制教师的发展，降低教师的流动性，将教师限制在高校内部进行流动，对教师的工作以岗位划分，但是却缺少后续的跟踪考核。当人员任职后，基本就很难再进行调动，想要更换岗位难上加难。面对这种情况，必须推进打破终身制的改革，高校对于职务的聘任应秉持双方自愿、公开选拔、竞争上岗的原则。推动人员的工作积极性，促使人员进行自我提升，有利于人员流动，打开了职务、职称的晋升通道，但是缺少考核办法也难以对人员的工作进行科学、合理的评价。所以，仅仅通过打破职务终身制的方式是远远不够的。改革的不彻底会引发一系列问题，部分高校存在教师的数量和质量难以满足学生数量的不断增加以及学生快速增长的求知欲的问题，尤其是高水准的教师数量严重不足，难以满足教学与科研需求。由于人力资源管理改革不够彻底，遗留问题仍旧严峻，高职低聘、低职高聘的情况难以形成可行的处理方式，专业技术职务的聘用上，也没有实现灵活的上下变动。

2. 薪酬体系不规范，缺乏有效的激励机制

部分高校在人员薪酬管理上仍有着较为复杂的权限，导致自主管理能力不足，这是计划经济下管理模式的遗留问题。由于薪酬管理缺失灵活性和自主性，所以高校难以根据自身的发展特点和需求来确立匹配的薪资待遇以及薪资增长实施办法。薪资待遇难以紧跟市场发展，在数字化快速发展的情况下，从外部来看，部分高校在人才竞争上就缺失了竞争力。而从内部来看，不同岗位、不同职务的工作人员薪酬区别不大，就容易造成人员丧失工作积极性，拉低高校整体效率。部分高校在内部管理上仍存有弊端，在人员激励制度方面还在论资排辈，实行平均主义，这就不能让人员激励制度实现突破性进展。高校的优秀人才与紧缺人才的待遇低于市场平均水平，特别是对经济基础薄弱的青年教师来说，更需要坚实的经济收入来解决物质生活问题，这就会导致人员流失，难以吸引人才的加入。

3. 考核体系不健全

当前，很多高校都希望人员考核实现量化，这样就可以更为直接方便。这样做有一定的优点，通过教师发布论文的数量、上课的课时、学术著作数量等来衡量教师的业务能力，这样也可以避免人为因素对考核产生干扰。不过，在实际工作当中，并不是仅仅通过量化标准就能够实现对教师的工作进行考核的目的。这种量化的，甚至是细化的考核指标往往让教师疲于奔命，甚至某些教师直接将大量精力放在了冲刺考核指标上，反倒疏于教学。大量的教师考核指标也催生了大量期刊的商业行为。烦琐的量化考核有一定的优越性，但是却让一些教师向另一个方向奔忙，将有限的时间和精力放在了考核上。高校的教师不是业绩考核的机器，他们还需要继续学习，留下足够的时间和精力完成科学研究工作。从实际工作来看，量化考核更适用于相对简单的工作，对复杂的高校教育和学术研究还是有一定的局限性，难以起到真正激励高校教师的目的。

4. 教师培训不完善

为了提升师资力量，高校越来越重视对教师的培养。特别是在数字化视域下，高校在教师的培养方面取得了一定的进展，但是也出现了一些问题。部分高校在教师培训工作当中出现权责不统一、目标不清晰和沟通不畅的问题。部分高校对教师的培训出现"虎头蛇尾"的情况，入职培训得到重视，工作后就没有再组织相关的培训工作。这种做法显然是将人事管理的方法简单地套用在高校人力

管理后产生的问题。实际上，定期组织教师进行专业交流、参加学术研讨会是一种人力投资，人力投资不仅能够提升教师个体的能力，更能为高校带来更多的回报。

第四节　数字化视域下高校教师队伍的建设方法

一、完善创新教师聘任制

（一）优化人才引进机制

高校要推行明确的人才引进制度，并依照制度来对引进的教师进行各项考核。这是一个系统工程，需要建立完善的引进机制，才能发挥其巨大的优势。

1. 创新制度

要顺利完成人才引进，首先要对制度进行创新优化。行业壁垒、高校与企业之间的隔阂都是阻碍人才引进的障碍，因此对于不同行业、不同类型的人才要推行不同的聘用形式。拓宽聘任渠道、扩大聘任范围，是获得更多人才的有效途径。高校拓宽师资来源，向社会各界打开岗位招聘的大门。特别是应用型高校更需要应用型人才，应该为具有实践经验的高层次专业人才提供更多的渠道和方式，通过专职或兼职的岗位来吸引人才的加入。随着我国国力的增强和数字化的来临，很多海外学者纷纷回国效力，高校应该趁此时机大力吸引不同教育背景的教师加入，建立更为广阔的人才资源分享市场。

2. 建立新型用人方式

高校要推动人事管理进一步发展，实现教师人事关系社会化，转变传统高校的教师管理方式，建立高校与教师个体双向选择的新型用人方式。通过人事代理机构来处理机构教师的人事关系是一种新兴的人事管理方式。人事代理机构是经过政府许可的人事关系中介机构，有专业人员帮助委托单位办理员工的各种社会保险。当员工与单位解除雇佣关系后，人事代理机构就会为员工快速办理人事关系解除的各种事务。人事代理机构可以为高校减少人事管理的烦琐工作，而且在与教师确立劳动关系上会更加灵活。教师个体也不会为复杂的人事关系所扰，在高校工作期间还可以获得较为健全的社会保障，解除了教师的后顾之忧。还有劳务派遣方式，通常在高校后勤以及维护工作岗位较多使用劳务派遣。总之，高校在教师队伍建设上，不仅要做好吸引人才的工作，还要做好维护人才的工作，为教师提供完善的保障体系，让教师能够安心工作。

3. 严控聘用入口关

高校聘用教师时，首先参加应聘的人员必须持有教师资格证。另外，随着我国高校的发展，应聘人员在学历上至少要达到硕士学位。高校是培养高级人才的摇篮，也是传播知识的圣地，所以高校教师这一岗位对专业性和学术性都有着严格的要求。具有良好教学经历的人员可以提升高校教师的学历结构。高校自身也应该不断适应人才的竞争，高校必须时刻做好人才竞争的准备，在坚持人力资源规划的基础上，顺应市场发展，在保证人才质量的前提下广招人才。充分利用数字化的优势，面向全国、面向世界广泛吸纳贤才，公开招聘高水平的教师。

4. 开拓师资渠道

开拓师资渠道的重要意义在于使高校教师队伍的学缘结构合理化，避免教师队伍出现学缘结构的"近亲繁殖"。尤其是我国高校在教师学缘结构方面一直存在问题。充分利用数字化的技术优势，充分地开拓师资渠道，吸纳不同院系、学派的教师可以有效地改善学缘结构。师资来源多，可选择性也多，有利于建设高校教师队伍，提升高校的办学水平。高校应该逐步改变传统的本校毕业生留任的传统，应该尽量减少或不留本校应届毕业研究生、博士生加入本校的教师队伍。从短期来看，这种做法确实会降低教师队伍扩充的效率，但是对于学缘结构的建立却是长久之计。高校教师的聘任不要将眼光局限在本地域，而是应该放眼全国、放眼全世界，高校根据自身的实际情况在高校自身能力许可的情况下，追求更大的聘任区域，打破地域限制，丰富自身的师资队伍，打造具有学术多元性的优秀教师队伍。

5. 专兼职结合

在数字化视域下，高校教师队伍完全由全职教师来构成显然是不现实的，建立专兼职结合的教师队伍更加符合高校的发展需求。当前相当一部分专职教师占有编制，一定程度上影响了高校内部人员流动。高校根据教学需求合理聘用兼职教师不仅能够补充高校的师资力量，还能突破传统人事固定编制的束缚。推进专兼职教师队伍的建设，可以推动高校内部人才队伍合理流动，促进高校办学以及科研能力的提升，推进内部良性竞争的形成。以日本为例，日本某些大学师资队伍的构成甚至出现兼职教师比例高于专职教师比例的情况。我国高校在专职教师的基础上，要更加贴合社会，关注人才市场的动向与需求，合理聘用兼职教师，从而有效地利用市场上优质的人才资源。

高校实施专兼职教师的模式，有利于高校从社会汲取更多的人才力量，在内部教师队伍当中选拔、晋升优秀人才的同时，再向社会聘用人才，这需要做好内部教师培养工作，另外还要做好兼职教师的聘用工作。结合大数据信息高校的发展，高校要结合自身情况来编制教师队伍，通常来说，教师队伍中应该留出四分之一至三分之一的岗位用作流动岗位，充分利用兼职教师的力量。兼职教师的来源不能局限在人才市场，高校还可以从科研单位、企业、政府等部门聘请专业人士。这些人士不仅有扎实的基本专业理论知识，还有丰富的实践经验，可以带来与本校专职教师不同的教学效果。

（二）完善教师聘任制

我国高校在推进教师聘任制方面已经取得了一定的成果，不过仍然存在发展弊端。这些问题的产生主要是因为在数字化转型的过程中，各方面转型进度不一而产生的矛盾和冲突。高校教师职务的聘任建立在双方关系平等与法律契约化的基础之上。高校推进教师聘任制具有双边竞争、双向择优的特点，不论是高校还是教师都应遵照契约完成自己的义务，同时获得自身的需求。这种聘任形式适合当前时代的发展，不论是高校还是教师个人，在公平的聘任关系之上，都有着相对自由的选择权。

随着高校扩招规模不断扩大，我国高校学生数量逐年增加。在这种情况下，教师数量相对不足，通过专兼职教师聘任的方式可以有所缓解。不过在数字化视域下，随着高校之间的联系愈加密切，教师资源共享机制成为当前高校教育的一个热点。教师资源共享就是充分利用当前的信息传播优势，打破高校传统的、独立的教师管理的封闭状态。实行高校教师资源共享，不仅仅是教师在多个学校任教，更可以利用大数据的信息技术优势，实行远程授课。这有利于解决教师分布不均衡、师资结构不合理的问题。不同教师的授课，也可以丰富教学成果，解决学缘结构"近亲繁殖"的问题。从另一个角度来看，高校师资资源共享实现的另一个途径是推进产学研合作。产学研合作将高校与企业联系在一起，企业与高校共同参与研究生的培养工作，这种合作机制也可以继续深入，有资质企业可以作为高校教学的实习合作单位。推进企业高校以及科研机构共同携手发展，分享人才资源，实现人才共享。

二、革新高校教师薪酬体系

高校教师多以资历来体现自身的价值，高校也会根据教师的资历来将教师安排在相应的岗位上，但是这种方式并不能很好地激发教师的工作积极性。改革教师薪酬体系的目的是激发教师的工作积极性。所以，高校在聘任时应以能力为标准，在发放薪资时也将教师的能力和表现作为薪资的参考。

薪酬体系不仅仅是为了稳定教师队伍，也是为了激励教师队伍。随着高校独立性的提高，教师薪酬中高校创收占据了越来越大的比重，所以，高校应该充分发挥薪酬的激励作用。在设置薪酬时，高校应该考虑到两个方面的问题：第一，教师的薪酬应与当地生活水平保持一致，确保教师的物质生活需求；第二，高校要设立绩效工资来体现优秀教师的价值，通过薪酬来奖励优秀教师，也激励其他教师积极工作，努力提升自身的能力。数字化视域下，高校不可避免地加入教育市场的竞争当中。这就要求在高校教师的薪酬体系设置上不仅仅要考虑校内的公平性与合理性，还要参考外部竞争的状况。还应该考虑到高校教师的专业和学科各不相同，由于市场的影响，高校教师薪酬水平也要根据学术劳动力的供需状况来发生相应的变化。所以，高校不同学科教师的薪酬也会存在差异，会因为行业市场的情况而发生相应变化。

三、规划教师职业生涯

以往的观念认为个人职业生涯的规划是个人的问题，与单位组织无关。但是，在数字化视域下高校要建立优秀的教师队伍，就应该为教师的职业生涯进行考虑。教师的职业生涯规划不仅是为教师服务，更是设立了一个团队发展目标，为教师的未来发展建立了目标，为教师提供了职业发展的方向，最终可以激发教师工作的积极性，进而建立优秀的教师队伍。

加拿大相关学者曾经将教师职业按照教师能力水准划分为五个阶段，分别为确认阶段、适应阶段、成熟阶段、职业高峰阶段以及职业骨干阶段。这种阶段划分是以教师的整个职业发展为周期来制定的，几乎是每一个高校教师都要经历的职业阶段。而我国对于高校教师职业发展出现过两种观点：第一种观点将教师生涯分为三个阶段，分别为角色适应期、主要发展期以及最佳创造期。角色适应指的是青年教师熟悉高校教学的阶段，适应工作的过程通常需要两至三年的时间，过后才能走向成熟。第二种观点是将教师生涯分为六个阶段，分别为适应阶段、成长阶段、高速发展阶段、平稳发展阶段、缓慢退休阶段以及平静退休阶段。其实，职业生涯规划的阶段划分有很多种方式，归纳起来都大同小异，都要经历自我认知、制定目标、自我与环境评估、职业选择、职业生涯策略以及评估反馈。

通过这六个步骤来对自己的职业生涯有一个清晰的认识，并设立发展阶段。对高校教师的职业发展引导首先要使高校教师正确地认知自我。高校教师制订自己的职业生涯规划时必须知道自己追求的是什么，自己的生活目标是什么。对自己有了正确的认知才能选择自己想要的事业，从而来确立自己努力的方向。有了目标就有了奋斗的动力，但是目标应分为短期目标和长期目标，目标的设立要切合实际。接下来，就要以目标为自己的推动力，专心实现自己设定的目标，当完成一个短期目标时，就是向自己的长远目标迈进了一步。通过自我与环境评估，高校教师分析当前所具备的客观条件，并结合自身的情况，从而对自己有一个相对客观、合理的评价和认识。通过职业规划，帮助高校教师发现自己的能力和拥有的环境资源，从而帮助自己找到最佳的发展路径。对于高校教师来说，通过职业定位帮助教师制订属于自己的发展计划，寻找到自己当前存在的薄弱点以及自身的优势，思考自己是否真正热爱自己的职业，是否达到了人生道路与职业道路相匹配的最佳状态。

四、创设高校教师激励环境

（一）高校组织相关概念

高校管理通过组织功能完成日常运行工作，是高校组织对教师队伍进行激励的基础。组织由群体构成，具有群体性和分工性，组织的活动自然也是一种群体活动，组织活动需要组织成员相互协作来完成。同时，要形成组织，就必须具备规范性和约束性。要提升组织内部的有序性，就必须处理好组织内部成员之间的关系，所以组织需要建立一个相对稳定的权利结构，以此来进行有序、规范的管理，进而对组织内部成员的行为进行规范。组织还具有目标性和定向性。一个组织没有目标就难以存在，正是因为有共同的目标才吸引着成员的加入，才能够形成组织。

高校作为一个大规模的组织，由众多人员构成。学生、教师、行政人员、后勤人员等，他们有着各自的分工，在高校这个大组织当中发挥着不同的作用。总的来说，有共同的目标才能形成组织。高校的目标就是培养符合时代和社会需要的高层次人才，高校内所有成员都在为这个目标而努力，并根据自身情况来完成自己的职责。这样，高校内部才能形成规范的系统和分工合作的关系。组织并不是人与人之间简单的集合体，而是每一个人都发挥自己的力量，为了共同的目标而努力，同时，在组织系统中每一个成员都在进行不同的自我调整和发展。

（二）高校的组织结构

简单来说，高校组织是由领导决策部门、职能管理部门、教学科研机构以及辅助部门共同构成的。我国高校在管理层级上，大多数分为校、院、系三个层级，部分高校采用的是四级管理层次。

随着数字化的发展，我国高校在组织管理上越来越注重各层级的独立自主权。上一级管理机构会将一部分权利交给下一层级，保证下一层级管理机构在进行组织管理工作时有更大的发挥空间。同时，这种分权制让各学科、各院系可以根据本组织内部的实际情况进行个性化的管理。

在具有一定的自主管理权限后，各院系可以更好地对本院系的教师队伍进行管理，在遵循校内管理制度前提下，院系往往会更加主动地利用信息技术加强与兄弟院系的合作。甚至有的高校下属院系自主与企业、科研机构进行合作，不仅提升了自身学术科研能力，还为本院系教师带来了更多的发展机会和经济收益。给予不同管理层级一定的自主权，充分调动各层级的积极性，不仅能够减轻高校上级管理机构的压力，还能获得更好的组织管理成果。

（三）统筹规划有效的激励制度

高校教师不同于一般的人力资源群体，对高校教师进行有效激励的制度需要针对高校教师这一群体的特殊性来制定。高校人事管理部门应对本校教师队伍的特点有深入的了解，这样才能做到有的放矢。从行为科学的理论来看，通过激励手段所获得的激励动力来自行为结果产生的效价与期望值的乘积。当一个人认为某件事情值得做，同时认为成功的概率很大，那么这个人对于做这件事情就有了很大的动力。

　　高校通过提高教师期望值的方式来对教师进行激励，提升教师的工作积极性和热情。根据我国高校的实际管理情况，对我国高校教师可以通过工作、目标以及强化三个部分进行激励。工作激励就是高校通过对教师的深入了解，结合教师的兴趣爱好，为教师提供一个可以充分发挥教师能力和精力的平台，从而对教师进行引导，提升教师对于工作的认同感和成就感，进而鼓励教师创造更大的价值与成就。每一个人都有自己内在的需求，高校教师作为高层次人才，对于自我价值、自我成就感提升的需求更为迫切。高校教师在工作时希望能够通过自己的能力来获得认同感，实现自我价值。可以说，高校教师的这种自我需求与高校的总体目标是一致的。所以，目标激励的方式就是高校要对教师进行引导，将其个人目标与高校以及整个社会的目标进行融合，实现集体目标的同时也实现了个人的目标。所谓强化激励，就是高校运用管理手段对教师的薪酬以及工作活动进行调整，为教师提供更大的工作动力，从而实现更高的目标，产生更大的价值。随着数字化时代的到来，我国社会发生了巨大的变化，人们的价值取向也在发生改变，人们开始注重自我价值的提升以及自我人生目标的实现，所以，仅仅通过简单的激励手段是难以充分调动高校教师主动性的。这要求高校在教师管理上要更加贴近教师，在物质与精神两方面给予教师足够的支持，特别是对重点学科和关键岗位，高校更要投入更多的精力。稳定、吸引人才是数字化视域下高校发展的基础，人才成为高校新时代核心竞争力的重要组成部分。

第七章

数字化视域下高校教师信息化教学能力的发展路径

第一节　数字化视域下高校教师信息化教学能力的发展模式

根据行为主义学习理论，学习的过程可以概括为驱使力的产生，再加之外界激励而最终形成的反应，该反应又会反过来强化驱动因素。教师信息化教学过程可以被看作一种"驱动—响应"的强化循环，教师信息化教学能力的影响因素是多元化的，高校教师信息化教学能力培养是"自我内在驱动"和"外部推动"综合作用的产物。

一、高校教师信息化教学能力发展的内在驱动模式

内因是事物发展的动力。人类有五种十分强大的内在驱动力，分别是好奇心、激情、使命感、自主性以及掌握感。将这五种内在驱动力应用到高校教师信息化教学能力中，可从兴趣、使命与目标方面对高校教师的信息化教学能力进行培养。

（一）兴趣导向模式

兴趣是实现个体内在驱动的最直接有效的方式之一。随着互联网的发展，高校教师的教学资源越来越丰富多彩，出现很多如大学慕课、云课堂、微课等新兴

的信息化教学方法。各高校可重点关注青年教师的培养，大力提升其信息化教学能力。青年教师的思想前卫、活跃，接受新知识与技能的能力强，对互联网下的智慧教育方法更有兴趣。鼓励青年教师以积极主动的态度，紧跟时代的步伐，主动学习和掌握信息化教学的技能和方法。在教育改革不断深入的今天，我国各高等院校也纷纷开展了教学改革，而高校的师资队伍建设是影响学校整体质量提升的重要因素之一。因此，对于年轻的高校教师，我们应该注重提供更多的学习和深造机会，以便他们能够不断提高自己的教学能力和职业素养，从而确保教学工作的高效开展。同时，对于新时期我国教育事业改革创新来说，青年教师是推动教学改革的重要力量。作为高校教师队伍的中坚力量，青年教师必须接受全面的培训，以激发他们对自身工作的热情和兴趣，从而积极参与课堂教学，提升教学质量。同时，通过对高校青年教师的教育，可以让他们了解到当前高等教育改革的趋势以及未来的发展趋势。此外，在对年轻教师进行培养的过程中，可以产生一定的辐射效应，从而影响更多教师从他们身上吸取经验和教训，带动更多的学生奋发向上，增强青年教师适应教学岗位的能力，提高他们的教学科研能力，培养出一支质量更高的高校师资队伍。

（二）使命导向模式

作为高校人民教师，为了更好地适应教育信息化的要求，必须提升自身的信息化教学能力。在多媒体技术与网络技术全面覆盖的教学环境中，教师对新技术应用能力的高低直接影响着学校教育信息化建设的进程。高校教师除了应该掌握精湛的专业知识与课堂组织能力之外，还应该不断地学习全新的教育教学理念与模式，只有在熟练运用现代教育技术的基础上，才能够顺应时代的发展，真正地培养社会所需的人才。以书本为载体，以课堂等为载体持续学习充电，借助在线平台及数字课程提高自身现代教育技术能力并努力创新教学、学习与教研模式，以信息技能提升教学质量，支撑终身学习。但是，在新形势下，人们的生活节奏越来越快，生活需求层次越来越高，所以许多教师都把物质追求摆在首要位置，疏于自我修养的提高，献身教育事业的意识逐渐淡薄。不愿学习新兴的信息化教学模式，更有甚者，甚至对本职工作产生厌恶和逃避心理。所以，需要从人民教师的使命感出发，不断加强自身的修养，驱动高校教师信息化教学能力的提升。

（三）目标导向模式

确立恰当的信息化教学目标是高校教师信息化教学能力发展的内在驱动关

键。一是要深层次地提高高校教师对信息化教学的认知意识，熟悉信息化教学所具有的种种优点，而不仅仅限于将信息技术作为辅助教学的工具，应该将信息化教学与传统教学有机融合，以弥补传统教学模式的不足，并通过信息化手段推动教学模式的创新。二是要注重教学实践和教学反思，加强高校教师信息化教学能力的培养，在教学反思的同时加强自我成长意识的培养和自我发展理念的深化，督促教师开展自主学习，巧用信息化教学的各种技巧，以及应用信息技术革新教学设计与教学方式等，全面提高教师的信息化水平，显著提高信息化教学的能力。

二、高校教师信息化教学能力发展的外力驱动模式

为了提升教师信息化教学水平，当前多个国家都高度重视外部力量的推动和促进作用，政府通过制定国家政策和规划等方式来引导和规范教师信息化教学行为。1996年至2016年，美国实施了五个阶段的"国家教育技术计划"，旨在推动教师信息化教学；1998年，英国颁布了教师信息技术应用能力培养标准，此后数年间，对21世纪英国教师在信息技术应用方面所需的专业素养、技能、知识和理解能力进行了规定。近年来，我国积极推进网络研修和校本研修的融合培养，以促进教师信息化教学为目标，因此各高校正在积极推进教育信息化建设，为教师提供智慧课堂建设、信息平台搭建和教学类App设计等方面的支持，并投入资金提升教师的信息教学水平。另外，通过建立"互联网+"课程资源开发系统、构建基于移动终端的在线开放课程以及实施以学生发展为本的混合式教学模式等手段来提升教师信息化教学的综合能力。这些措施深化了教师对于教育信息化的理解，满足了教师自身的学习需求，有效地提升了教师信息化教学的水平。在本小节中，提供了四种外力驱动的导向模式。

（一）技术导向模式

通过搭建网络课程"云平台"，开展信息化技术支撑下的课程，教师可在该平台上上传教学资料、教学课程和教学视频。通过网络课程"云平台"建设，高校教师可以对网络课程"云平台"中的专业化信息进行收集和整理，并通过专业化网络课程拓展知识，丰富教学资源。高校通过建立网络课程"云平台"，能够突破地域限制，促进教师专业化群体和个体间的交互，更加便利高校教师的学习。

通过构建开放式的教学研讨平台，全面而深入地运用现代信息技术推进教育信息化语境下的教学，扎根于生态教育情境中，革新教师教育教学模式。教学对于高校教师来说是不可缺少的一环，而教学研讨则是为了更好地完成教学任务而开展的，借助网络平台开展开放式教学研讨，使得高校教师能够更好地开展群体合作、取长补短，从而更好地推动教师专业技能的发展。与此同时，以开放式教学研讨为支撑，可创设自由的研讨环境并推动高校教师开展专业教学交流。

通过互动式网络教学平台进行交流互动具有必然性，而有效互动能够提高教师在教课中的积极性，增强学生的学习主动性。通过构建的互动式网络教学平台，教师能够与更多学习者、交流者进行接触，在教学过程中促进自身专业化技能的发展，并在互动反馈中加强对专业化知识重难点的掌握。通过网络教学的交互来实现多方位的交互与沟通，建立资源平台的多样化协作。开放融合可以更好地促进高校教师专业化技能的发展，使技术为课堂服务，而高校教师则在信息技术的帮助下得到不断提高。

（二）培训导向模式

高校教师参与信息化培训是研究并加强信息化教学能力建设的一种主要方式。高校要注重教师培训体系的建设，有关部门要健全相应培训机制。从培训方式来看，为适应信息化教学模式，各高校可采取线上和线下混合的培训模式，有针对性地进行教师信息化培训，适应教师专业化成长需要，充分发挥教师在信息化继续教育中的主观能动性；在培训内容方面，要经常更新，以保证和教育信息技术的发展速度相一致；在培训人员上，要建立规范化的教师培训机制，对于达到行业标准要求的培训人员要出具认定证书。定期对高校教师进行信息化教学能力培训可以不断更新信息化教学理念，帮助教师开发新型教学资源，促进高校教师信息化教学能力的提高。

教师信息化教学能力的提高有赖于对教师信息化教学能力的培训。首先要通过信息技术专题培训来提升教师的信息化理论素养与技能，让教师巧妙地利用现代信息技术进行教学活动；其次要实施信息技术与课程整合实践训练，促进教师合理地把信息技术融入课程教学中。多主动地为教师创造进行多样化学习的舞台，比如进行线上与线下相结合的个性化研修、协作学习等。多鼓励广大教师按照自己的研究方向、教学专长自愿建立队伍，开展信息技术与数字化课程高效整合的研究工作，探讨新技术下教育教学的规律，在大数据技术的帮助下，挖掘出更加丰富、更加高质量的教学改革与科研活动，进而推动教师信息化教学的实施与信息化教学研发能力的提升。经济全球化与信息化背景下，高校教师应善于充分运用现代信息化技术来开发丰富的教学资源以优化学生的信息化能力与质量，增强学生的信息素养等。

（三）环境导向模式

由于高校教师信息化教学能力培养具有系统性、复杂性、综合性的特点，因此配套工作须协同进行，以形成完整的信息化教学能力培养体系。加强高校信息化教学环境的建设能够帮助教师提高信息化教学能力。一是建立一个完整的教学资源平台，既需要丰富的电子资源库，又需要信息化教学必需的硬件设施。学校应在资金、技术等方面对信息化教学给予保证，使高校教师与学生能更加方便地获取信息资源，这样可以促进信息化教学效果的提高。二是注重高校实施信息化教学的人文环境与外部环境。学校领导、业界专家、同事以及学生的理念、态度与实践等因素都将给信息化教学带来一定影响，有关政府部门应积极推动信息化教学制度不断完善，校方应着力构建信息化教学环境，加快线上教学应用软件及资源库开发与利用，为教师信息化教学能力的提升创造良好风气。新的信息化教育方式与传统的教育模式相分离，教师应在教学过程中，遵循"学生主体性发展"的原则，这样一个良好的教育教学环境能够使教师的信息化教学思维更加活跃，最大限度地激发出学生学习的主动性和积极性。

（四）政策导向模式

完善有关政策，切实有效地促进高校教师信息化教学能力的培养，提高高校教师信息化教学能力的体系建设应放在首位。首先，有关部门要尽量健全高校教师信息化教学的法律体系与制度，尽可能明确教师信息化教学职责和任务，赏罚严明，并鼓励其发挥主观能动性；其次，要建立教师信息化水平能力评估系统，使教师能够对照系统积极主动地找出自身存在的不足并及时地进行查缺补漏；要健全教师信息化教学效果评价与激励机制，要把教师参加信息化教学能力培训与否及信息化教学能力水平高低列入教师定岗、定级及职称评聘等指标体系，督促教师进行自我激励。

第二节 数字化视域下高校教师信息化教学能力的发展路径

一、内在驱动模式的发展路径选择

该路径组合主要建立在自我调节的基础上。内在驱动是在需要的基础上产生的一种内部唤醒状态或紧张状态，表现为推动自身活动的进程，以达到满足需要的内部动力，该路径模式主要建立在自我调节的基础上。人类的行为受到环境、行为、个体以及其他多种因素的相互作用，其中最重要的因素之一就是个体内部推动行为的力量。美国认知教育心理学家奥苏贝尔认为内驱力可以分为三种：认知内驱力、自我提高内驱力和附属内驱力。认知内驱力强调个体渴望理解和掌握知识的一种需求。自我提高内驱力是一种通过自身努力，胜任一项工作，作出一定贡献，取得一些成就，赢得社会地位的需要。附属内驱力是为了获得外界的赞许和认可，表现出来的把学习和工作做好的需要。因此，在教育活动中，自我管理则是自我效能的一种典型体现。教师信息化教学能力的培养也可以通过内在驱动的成长路径，以增强信息化教学意识和终身学习意识、激发信息化教学需求、开展信息化教学实践、强化教育反思能力等手段实现。

（一）增强信息化教学意识，积极主动进行角色转换

信息化教学并不只是借助信息技术来实现辅助教学，而是在信息化教学理念中教师角色定位发生了变化。教师要从知识的传授者向学生的指导者、合作者，教学资源开发的创造者，课堂上的"导演者"，信息化教学中的"实践者"转变。只有在信息化教学实践中伴随着教师的角色转变，他们的信息化教学能力才有可能获得真正提高。教师的自我追求是教师自我成长的关键要素。如果教师对自己的教学能力有精益求精的追求，一直保持着对信息化教学的激情，愿意并擅长在实践教学中运用信息技术，他们的教学效果会得到极大提升，并让学生获

益。信息化教学强调把学生作为学习的主体，使学生在"做中学"，因此，教师在教学中既要做到"做中教"，又要做到"做中思"。通过分析教育过程当中所存在的一些问题，并且第一时间针对教育过程当中存在的一些问题作出相应的处理，让自己的教育经验变得更加丰富与充实，最终达到实践—反思—实践的螺旋式发展，以不断提高自己的教学能力。

（二）树立终身学习的意识，积极主动探索信息化教学

终身学习是高校教师提升信息化教学能力的内在驱动力，也是高校教师最重要的品质之一。高校教师应该积极地去学习，去探究新技术，在今后的教育中更多地运用、大胆地尝试新事物，让自己能够持续地成长和进步。教师信息化教学能力与终身学习有着密不可分的关系，教师只有建立起终身学习的意识，才能够在教学实践过程中独立地学习新知识和新技能。教师要结合自身特点及学科背景制定出符合信息化教学的学习计划及目标，如教学设计、知识点分割、视频制作与资源整合等，逐步提高自己的能力。有一定信息化教学能力的教师要在实际教学中发现问题并记录在案，针对自己较弱的部分来自主筛选学习资源并强化理论与实践。

在理论学习方面，高校教师要持续地学习并更新自己的专业学术知识，与学科前沿保持同步，不断地提高自己的专业知识水平，同时也要持续地学习与教育学、心理学以及教育技术有关的理论，为自己的职业发展奠定扎实的理论基础。在理论研究中，还包含了对5G等新技术的理解和认识。对于高校教师来说，对前沿技术的研究是一门必不可少的课程，在对5G、大数据、云计算、人工智能、区块链等前沿技术有一个初步的认知和理解后，就可以将其与教学融合在一起，并将其运用到教学和研究中。

在实践学习方面，在教学研究中，高校教师也可以进行各种信息化教学实践，提高自己的教学水平。比如，在平时的课堂教学过程中，对慕课、翻转课堂、混合式教学等各种教学方式进行尝试，利用超星泛雅、蓝墨、雨课堂等智能教学平台，积极参与到国家级、省级、校级教学资源建设当中。要积极参加ICT校企合作项目、虚拟仿真项目，建设智慧实验室，参加"全球未来教育设计大赛""中国VR/AR/MR创作大赛""全国多媒体教育软件大奖赛"等不同层次的信息化教学竞赛。"纸上得来终觉浅，绝知此事要躬行。"学生也要在实践中不断深化自己对信息技术的认识，并提高自己应用信息技术的能力。学生还可以利

用各种与信息技术有关的竞赛，来激发高校教师内心的荣誉感，进而使教师们积极主动地由内驱动自身信息化教研能力的提升。

（三）激发信息化教学需求，发掘内在学习动力

社会信息化为高校教学信息化提供了很好的外部环境和发展动力，从社会信息化到高校教学信息化，需要学校完成外在动力到内在动力的转变。如何激发学校内在信息化教学需要、找到内在发展动力成为促进教师信息化教学能力发展中至关重要的第一步。教师应积极主动了解本学科领域信息化教学的潜在需要，将对信息化教学的认识从社会领域逐步转移到自己的专业领域，从自身需要出发，积极探索信息化手段在教学中的重要作用。在大数据的背景下，教师是信息化教学的组织者和带头人，而优秀的教育工作者则是高校最宝贵的教育资源，这就对高校的老师提出了更高的要求，他们不仅要具有高的信息技术素养，而且要具有挖掘和分析数据的能力。同时，老师也要有敏锐的洞察力，以提升自己的信息推理技巧以及整合知识的能力。在教学中，应具备对条件性知识、本体性知识、实践性知识等的储备能力。

（四）转换教学设计范式，积极开展信息化教学实践

作为教学人员核心专业技术之一的教学设计技术，通过"分析—战略—评估"三个步骤，为确保教学目标和手段的一致性提供了必要的技术支持。在信息化时代，教学设计技术对课堂教学变革具有重要作用。过去，传统的教学设计实践常常依赖于教师的教学经验和价值判断，以实现对学习者特征和教学内容的深入解析。在此过程中，由于缺少对学习情境及其相关要素科学有效的认知分析以及相应的策略指导，使得教学活动难以形成共识，无法达到预期效果。这类教学设计实践常常呈现出明显的个体经验性，缺乏教育心理学的理论基础和直观数据支持，从而难以清晰地观察到学生在教学过程中发生的实质性变化。在智慧教育的背景下，智能传感器通过采集学生海量学习数据，并运用多种人工智能算法对系统进行数据分析和处理，最终生成了一张学习者的可视化画像和群体分级推荐等相关信息；同时借助网络技术将分析结果反馈至系统后台，实现对课堂内外的实时监控与调整。根据学生的个性特征和能力基础，自动构建个性化的知识图谱，并为教师和学习者提供量身定制的教学路径。因此，智慧教育环境是对传统教学模式进行改革创新的一种有益尝试。

（五）强化教育反思能力，积极促进实现自主学习

马克思·韦伯，一位杰出的社会学家，将人类的理性分为两类：一类是基于工具的理性，另一类则是基于价值的理性。在信息化时代，教学设计技术对课堂教学变革具有重要作用。工具理性被视为一种关注现实效益并致力于技术应用的理性，相应地，价值理性也关注人类生命的意义和精神存在。教育作为一项社会活动，其目的就是培养受教育者成为社会所需要的具有健全个性的合格公民。在教育实践中，工具理性和价值理性辩证统一，因此，需要实现二者的平衡。在智慧教育领域，教师需要在工具理性和价值理性之间找到一种平衡，充分认识到涉及学生生命意义和精神存在的价值理性问题，成为推动学生身心全面和谐发展的引领者。教师应当反思信息技术在教学过程中的运用是否偏离了教育的本质，反思是否能够以理性的方式关注学生的价值，并培养他们具备"以人为本"的品质。此外，教师还要反思自己作为教育者与受教育者之间的角色分工，明确自身所肩负的责任，从而使自己成为一个有道德且能担当起育人重任的人。最终，教师必须通过不断的实践活动来验证其反思成果的合理性，以避免在理性反思中出现偏见和粗鄙之处，最终实现专业成长的目标。

二、外力驱动模式的发展路径选择

外力驱动是社会环境的影响，当学习者获得社会环境或活动的满足时，他们会与学习环境相互作用，从而形成一种建设性的互动，最终产生高品质的投入。从社会学角度看，教育改革的过程就是不断地对现有条件进行整合并创造新条件的过程，即"自上而下"式的路径依赖模式被打破，个体主动探索创新的意识得以觉醒，这条路径呈现出一种由外部力量驱动的向上攀升的形态。因此，在教育活动中，外部环境的激励措施，如明确教师信息化教学能力结构体系、建立信息化教学设计能力提升系统、搭建信息化教学整合能力提升平台、创建信息化教学能力发展性环境、完善信息化教学能力考评激励制度等，能有效深化教师对于教育信息化的理解，满足教师自身的学习需要，激发教师们不断进行教学反思，丰富课堂内容，积极参与各种培训活动，进而有效地提升教师信息化教学的能力水平。

（一）明确教师信息化教学能力结构体系

党的二十大报告提出，推进教育数字化，建设全民终身学习的学习型社会、

学习型大国。教师具备良好的信息化应用能力，是推动教育数字化发展的前提和关键。信息时代的教育不同于以课堂讲授为主的常规教育，教学和学习都呈现出新的规律和特征。它不仅对学习环境和学习者提出了新的要求，而且对传统教师的能力结构也提出了挑战，需要具有新的能力素质的教师来保证教育目标的实现。因此，教师能力结构的变化是信息时代教育发展的必然需要。为了顺利地适应角色的转变，成功地扮演好各种新角色，高校必须进一步明确信息时代教师必须具备的能力结构体系。教师的能力结构既应该具有相对稳定性，也应该具有顺应社会发展的动态性。结合TPACK框架，数字化视域下高校教师信息化教学的能力结构要素应包括信息化教学设计能力、信息化教学实施能力、信息化教学整合能力、信息化教学评价能力、信息化教学研究能力五个方面的结构体系。

（二）建立信息化教学设计能力提升系统

构建多元化的高校教师信息化教学设计能力提升系统，可以有效地促进高校教师教育信息化的学习和能力提升，助力高校教师教学设计能力的不断更新，提高信息化素养和水平。高校应强化顶层设计，构建教师信息教学设计能力的提升系统。开展多层次的教师教学设计能力培训活动，培训活动是指针对高校教师教学信息化设计能力的具体内容和项目进行的有组织有计划的学习和训练过程，涵盖基础性、专业性、前沿性等多个方面的知识，满足不同层次、不同专业高校教师的不同需要。同时，形成多主体的教学设计能力培训模式，突破传统的单向灌输式或单一授课式，形成多主体参与的协作式或多元互动式的培训模式，充分发挥政府部门、行业组织、专家学者、教育机构、教师团体、教师个人的作用和优势，实现资源共享、经验交流、知识创新、能力提升的目标。

（三）搭建信息化教学整合能力提升平台

平台可从课前、课中、课后三个方面开发建设。课前主要由教研室组织，采用教研室集体备课等方式对信息化教学工具运用进行讨论。课上以教学系部为主，对系部信息化教学进行观摩和探讨。课下以校为主，开展校内信息化教学比赛观摩活动。采用分层次、有针对性地建设信息化平台等措施，提升教师信息化教学能力。现代化教育过程中，录播教室给教师提供了专用数字化平台，能够将教师的教学活动全方位地、完整地记录下来，让教师可以从课前、课中、课后三个角度，对课堂上的授课内容和形式进行持续改进。通过录制课堂来实现对符合国家要求人才的全面培养，已经有越来越多的院校把录制课堂纳入了校园规划建设。专题化、系统化微课建设依靠录播系统。在微课制作方面，各院校可建立合适的录播教室，加大录播教学的培训和调研力度，加大优质课程录制硬件的投入，尽可能为更多教师服务。录播教室的构建对教育信息化、教育公平和助力优质教育资源共享具有重要意义。

（四）创建信息化教学能力发展环境

根据可持续发展与动态调整相结合的教学思路，学校应营造信息化教学的良好环境。为信息化提供软硬件支持。学校有必要建设校园有线或者无线网络，建设信息化教学所必需的智慧教室，装备数字化教学实训平台和必要的教学资源库，为各学科、专业信息化教学提供支撑。对优势学科采用信息化手段开发优质教学资源，使学校内部形成信息化教学良好环境和氛围。

一方面，要实现多主体协同。高校信息化基础环境建设仅靠高校自身的力量是难以实现的，必须借助社会多方的力量来实现。在5G教育背景下，如何构建基于人工智能、大数据和云计算的教学信息系统是一个非常关键的环节。要实现这一目标，必须全社会共同努力，提供大力支持，并且要注意信息化和教育的深度结合。在此基础上，管理部门要给予相关的政策引导，加大资金投入力度，并制定技术规范和标准。高校和企业之间合作可以提供更多的教育应用服务，使高校教师能够更多地了解到新兴技术，并利用这些信息技术进行更加丰富的教学活动，从而提高他们的信息化教学水平。

另一方面，良好的信息化教学环境是需要资金保障的，大学信息教育环境也需要越来越跟随时代潮流。最近几年，许多大学都在不断地加大对教育资源的开发力度，并且适度建立了一些智慧教室，以互动型和研讨型为主。然而，因为信息化基础设施的投入较大，所以，高校必须对信息化基础设施建设给予足够的资金支持，并对其进行合理的资金预算。

（五）完善信息化教学能力考评激励制度

除了推进信息化硬件基础设施建设外，高校还需进一步完善与信息化教研相关的一系列考核激励机制，以形成相互促进的外部合力，从而推动高校教师不断提升自身能力水平，让他们在信息化教学方面得到更好的发展。例如，要对教师展开信息化教学改革，要申报制作国家级、省级、校级精品资源共享课，并在资金上予以扶持。建立一个科学的考核机制，可以帮助高校教师提高自己的信息化教学能力。学校应将信息化教学能力作为教师考核的重要依据。通过建立评价标准对教师教学能力进行有效评估，在年度绩效评估、职级评定、专业职称评估、优先级评估等方面融入信息教学有效性评价。另外，也可以经常开展学校信息化教学竞赛、微型课堂竞赛以及网络空间建设评估，将其作为评价教师教学能力的一个重要标准。

第三节　数字化视域下高校教师信息化教学能力的发展机制构建

一、资源共享机制

（一）高校内部及高校间资源共享机制

高校作为一个集合体，同属于一所高校的归属感和亲近感使得高校内部资源共享更加容易实现。高校内部的资源共享可以依托其内部系统并建立相应的资源管理部门来实现。校内资源共享的关键在于资源的分类，这需要管理资源的相关部门做好前期准备工作，对庞杂的数据进行科学、有效分类。

资源具体可以分为网络公开免费资源、学校购买的校内共享资源以及教师个人收集或制作的资源。

首先，对于网络公开免费资源，资源管理部门的主要职责在于识别与推荐。过于庞杂的网络资源涵盖方方面面的内容，质量也良莠不齐，这就需要有专业人员进行鉴别并对资源作出简单介绍以达到推荐的导向作用。其次，对于学校购买的校内共享资源，则可以上传至学校信息平台，通过身份识别选择性地为校内人员提供共享服务。最后，对于教师个人收集或制作的资源，则应当建立校内人员与资源所有者的联系渠道，为私下协商资源共享提供可能。

高校间的资源共享与高校内部的资源共享机制总体一致，但在细节上存在些许差异。首先，对于网络公开免费资源，同样也以识别和推荐为主。而且高校之间可以联协分工，这样就可以在减轻工作量的同时，以更为专业的技能提升效率。其次，对于学校购买的校内共享资源，可以联合建立互助平台，通过资源共享实现资源的互补。最后，对于教师个人收集或制作的资源，可以通过举办高校间优秀教师的经验分享会等方式实现可共享资源的推广与应用。

（二）高校与政府间的资源共享机制

政府与高校间的资源共享存在两种机制。第一种机制是政府与高校间资源的直接共享。政府需要推动信息化教学的发展，但缺乏专业的培训体系；而高校需要拥有较为健全的信息化教学能力培训资源，但缺乏足够的资金预算开展进一步研究、探索。因而，政府通过出资聘请高校团队进行培训体系设计、研究报告撰写等外包形式，既推动了现有成果的共享共建，也为后续研究提供保障。第二种机制是政府为促进教育公平，但出于高校之间固有资源的差异而在其中扮演桥梁的角色。除上述通过形成公开报告的方式进行先进经验分享外，政府还应当对资源落后的高校进行帮扶。通过建立"先进高校—政府—落后高校"资源共享渠道，实现信息化教学先进高校对较为落后高校的针对性指导。在此基础上，政府应该创新财政管理理念，改革资金的分配方式，使得财政对地方资源与高校运作的支持效率得以提升。另外，高校和政府部门可以采取一系列的举措，如搭建共享平台，创新管理制度，加强高校和政府部门的合作，提升资源使用效率。

（三）高校与社会间的资源共享机制

高校与社会资源共享机制的建立实则是互促互助的过程。高校通过理论研究提出可行的信息化教学能力培训方案，社会充分发挥市场竞争机制的优势将培训方式转变为实践。换言之，社会机构从高校的研究中获取理论资源，为信息化教学能力培训业务的开设寻求可行性理论支撑。高校则从社会机构的应用中获取实践资源。一方面，社会机构的实践能够检验高校研究的科学性、有效性，并通过实践反馈机制中的不足，为后续的方案完善提供思路；另一方面，社会机构也能根据实际情况对方案进行适当调整，然后运用到高教教师培养中，以帮助更多的教师提高信息化教学能力。在机制上，一是高校之间的公共资源共享，二是高校向经济和社会敞开大门，推进教育公益化，进而推进经济和社会的整体发展。高校具备了先进的教育设施和智力资源，可以利用自身的优势将教育资源实现公益化。例如，与当地共享学校的图书馆、博物馆、科技馆、艺术中心等。聚焦经济社会中的重点和热点问题，为当地提供一个高质量和高水平的咨询平台，带动当地的创新和创业。另外，还可以进行学校与企业之间的合作，在当地的经济与社会发展过程中，高校起着举足轻重的作用。各地政府应该对应用型高校的教学资源进行全面整合和优化，并以开放、共享的原则为基础，促进教育资源的公平分配，将高校里好的教学氛围和奋发向上的精神最大限度地发挥出来，从而创造更大的社会效益。

二、师生互动机制

（一）师生课前互动机制

师生课前互动的本质在于让学生对所要学习的内容有一个初步的了解，从而在正式授课时能够有序顺利地推进。在信息化教学的背景下，这种互动形式的便捷程度大幅提升。在信息化时代，重大事件的传播速度呈几何倍数提升，大量新闻事件涌入师生的日常生活。这既为课前互动提供了机遇，也对教师信息化能力提出了挑战。作为机遇，大量事件的发生成为教师寻找合适案例的来源，通过周边发生的事件吸引学生的注意，提高学生的兴趣，从而动员学生做好课前预习工作。作为挑战，一方面，教师需要完善自身的信息收集能力，甄别出与学科课程相关的案例；另一方面，教师需要不断更新案例，以保证案例与学生的兴趣点相符。

在课前，教师能够依据课堂教学的现状对课堂教学中的"学习产出"进行预估，从而建立起课堂教学中学生对课堂教学的整体期望。在网上，教师会安排一些课前的自修与研讨（例如，利用慕课或超星学习通等学习平台，安排一些自测题目），然后在课前进行批改，对学生的知识要点掌握情况进行总结，并对学生的学习状况进行统计，从而知道学生的学习进展，进而更好地帮助学生解决问题，提升课堂学习的效率。对于学生来说，既要做好预习，又要对较难的知识点提问。课前，学生可以展开自我学习和合作学习，培养主动思考、主动学习的思维方式，进而极大地提高知识获取效率。这就是"以学生为中心"的教育理念。

（二）师生课中互动机制

传统的教学方式更加注重教师对知识的传授过程，在课堂上，教师处于主体地位。目前，大多数的教学还沿用着老师单方面传递知识的教学模式，这种教学方式会带来无聊的体验。在课堂上，老师只注重自身所拥有的权力和权威，而忽视了学生所能接收到的知识量。另外，有些教师在运用多媒体课件进行教学时，缺少对创造性教学方式的思考，只不过是传统方式的又一种延续，很难激发学生的学习兴趣，使他们对课程的学习产生抵抗，从而影响到教学的效果，制约着教学水平的提高。

课中是课程教学的核心过程，是学生作为授课群体对课程作出评价的主要依据，而师生互动过程也将直接关乎实际效果。所谓课中互动，即让学生参与进课程教学中，包括教师的授课、学生间的探讨。在教师对学生进行授课时，需要运用信息化工具，采用丰富的形式对专业知识进行教授。在学生与学生的讨论中，可以采用分组汇报、实时弹幕、互动游戏等形式激发学生的参与兴趣。而在此过程中，教师应该利用信息化平台或工具对学生的讨论进行与学习相关的引导，如通过对学习平台参与时长的考核，避免小组汇报中"搭便车"现象的出现。

课中，教师可利用软件或平台来完成教学。学生通过"展示—讲解—提问—后测"四个步骤完成对知识的内化和吸收。首先，对学生抽查并请他们进行演示，演示之前所学的知识内容，以推进他们的学习进度，并验证他们的学习成果。其次，学生完成了预习任务，知道了自己所欠缺的知识，因此，他们听课时的注意力会更加集中。同时，教师也可以通过统计数据来预先了解学生们的知识水平，以便更好地进行授课。教师可以使用翻转课堂等多种教学方式来让学生们多学、多思考、多提问。然后，学生就课前任务和教学环节提出问题，教师解决问题。最后，在课后测试中查缺补漏，使同学们对这节课所学的内容有一个新的认识，并进行课后研究。多种任务驱动方式能使学生课前自主预习，课中主要由学生演示、教师讲评答疑来促进学生学习积极性，从而提升学生的学习热情，提升他们的课堂参与程度，让他们对知识点的了解更加深刻。

（三）师生课后互动机制

课后的互动更多表现为学生向教师的反馈。这种反馈，一是学生将自身学习情况通过作业等形式向教师展示；二是学生基于自身的听课体验对教师的教学方式、教学内容、教学速度等提出意见，从而为教师后续课程的教授提供调整方向。信息化教学使得教师可以通过网络平台布置作业，限定截止日期能够起到督促学生的作用。学生根据自己听课的体验对教师的教学方式、教学内容和教学速度提出建议，为教师以后的课程教授提供一个调整方向。同时，教师也能通过网络平台及时将批改意见传达给学生，给学生答疑解惑。此外，面对面的情况下大多数学生难以对教师提出实质性意见，而网络平台的匿名反馈系统可以帮助学生更好地表达自身感受。

首先，基于课中测试的成绩，教师更加有目标地向同学们提出更多的课外作业或者讨论主题，并让同学们通过自主的学习和协作，在课上课下都能学到更多的东西。其次，考虑到课堂上的时间是有限的，在"互联网+高等教育"的背景下，可以将课程的内容纳入学校的网络教育系统，并尝试实现智能化和个性化教育。最后，为了提高学生实践能力，在教学过程中可以采用考核奖励的方法，让学生参与到多种形式的教学中。例如通过"全国大学生知识竞赛"，教师可以更好地与学生们进行沟通，以激发学生的兴趣，提升学生的技能水平，以比赛促学习，最终学以致用。除课后访谈外，通过邮箱及微信、微信群等与学生沟通是辅导交流的主要方式。另外，在网络综合教学平台慕课与超星学习通平台的点评区域也可以进行沟通。

三、教学培训机制

（一）教学培训内容的确定

教学培训是提升教师信息化能力的有效途径，通过一系列技能的传授以帮助教师更好地将信息化工具运用于教学中。但是，无论是学校、学院还是教师个人，其自身具备的信息化能力都各不相同，对于信息化能力的培训需求也不同。因此，在培训前期确定培训目标、培训需求，进而制定针对性的培训内容显得尤为重要。了解培训需求的途径众多，包括问卷调查、一对一访谈、学生评价等。此外，信息化教学的培训内容，不仅仅需要包含有关信息化的理论知识，更应该涉及如何将信息化理论运用于实际课堂的技术、已经初具成效的信息化教学工具等。

（二）教学培训形式的选择

在确定培训内容的基础上，可以按培训需求、内容对教师进行分组，并依据培训组别的特点选择适合的方式进行培训。如对于在观念上尚未接受信息化教学的教师，可以让其先作为授课对象体验信息化教学，再让其作为授课者体验信息化教学，从两个视角让其感受信息化教学的优越性。也可以将具有不同需求的教师分至同一组，通过组间互助，实现教师信息化教学能力的提升。如在操作上存在困难的教师与在教学经验上有所欠缺的教师可以互帮互助，彼此学习对方的长处以实现双赢。

（三）教学培训效果的反馈

教学培训效果的反馈包括两方面内容。首先是教师自身培训情况的反馈。正如前文所述，教师在参与培训前，对不同教师来说，其培训需求是不同的。虽说培训机构会基于此对培训内容进行设计，但现实中很难做到培训需求与培训内容完全一致。那么，教师能通过培训提升多少信息化教学能力、满足多少信息化教学培训需求，是有待进行测度的。同时，这种测度也应该包括信息化教学能力的运用。其次是受培训的教师对于培训过程的反馈。如同师生互动中，学生反馈是必不可少的一环。信息化教学的过程中，教师作为培训对象，也应该及时与培训者沟通，在表达自身需求意愿的同时，也帮助培训者完善培训机制。

四、学科协同机制

（一）同学科的跨机构协同

同学科的教师对信息化能力提升的培训具有一定的趋同性，而同学科的跨机构协同能够促进专业领域的资源整合，形成具有专业特色的培训体系与信息化教学方式。因而，同学科的跨机构协同更多表现为具备专业特色的信息化教学经验的交流。此外，具有相同学科的知识储备，可能在授课内容、教学方式或者工具的选择、信息化应用等方面存在共性难点，使得同学科的跨机构交流、协同的门槛更低。对于这些难点，各机构探索重点不同、探索进程不同，这就为优势互补提供了可能。机构之间学习彼此所长、补自身所短，实现专业领域信息化教学能力的化零为整。在现实中，可以由专业领域的协会协同高校举办经验分享会、教学比赛等，政府则予以一定的资金支持。

（二）同机构的跨学科协同

数字化视域下，教师信息化能力的培养注定不是单一学科的培训便足够的。虽然同学科的协同能够彰显专业特色，更便于信息化技术应用于专业领域的教学中。但就学科构成来说，信息化教学是教育学、计算机科学以及专业学科的多学科复合体，因而同学科的协同需要以跨学科的协同为基础。简单来说，跨学科的协同机制如下。首先，教师结合自身专业领域的授课特点，对自身信息化能力的提升目标进行总结，并转变为具有明确指向的需求。其次，教学相关研究部门根据教师信息化教学能力提高的需要，确定后续培训内容或教学软件框架，并与教师进行核实，在此基础上将其进行系统化转变以形成可行方案。再次，培训部门或自行组织，或聘请机构对培训方案进行落实。计算机科学部门则负责将教学工具方案落实。最后，跨学科部门之间对落实难点、不足之处进行讨论协商，从而获得满意的结果。

五、组织保障机制

（一）制度与基础设施保障

提高教师的信息技术水平，需要有良好的组织体系和硬件条件。制度可以为培养信息化教学创新素养提供一个相对明确的标准支持，可以促使教师强化自身对信息化教学创新素养的培育也就是说健全的制度能够保证创新素养的培养在更为有利的条件下顺利地进行。在制度方面，高校首先需要制定鼓励教师应用、探索信息化教学的章程，激发教师对于信息化教学的积极性，削弱其对于信息化教学的抵触心理，避免教学中的路径依赖；高校还需要制定有关定期培训教师信息化能力的章程，这样既能避免教师想提升而无处培训的状况，也能避免培训如期举办但无教师参加的情况。由于高校教师信息化教学能力发展具有系统性、长期性、复杂性和综合性等特点，所以为了构建一个完善的信息化教育培训体系，需要各种辅助工作协同推进。信息化软件和硬件都是信息化建设的关键环节。在基础设备方面，高校首先需要保证培训所用设施的多样性，因为高校之间本身具有较大差异性，难以保证引进的设施、方案一定适用，这就需要在培训期间拓宽信息化教学设施的适用范围。此外，在找到适用的基础设施后，高校也需要大量引进设施以保证教师日常教学的正常使用。

（二）培训流程运作保障

正如前文所述，培训是提升教师信息化教学能力最为直接、有效的方法，因而组织需要对其稳定运作加以保障。这种保障首先体现为资金保障。无论是聘请专业的培训团队，还是购买培训所需要的设施设备，任何培训都离不开资金支持。这种保障还体现为制度保障。前文已加以阐述，故不再展开。这种保障也体现为应用保障。对于教师信息化能力的培训不能仅停留于为了培训而培训，更重要的是教师将培训获得的能力应用于实际教学中，此时才能算作培训工作的完成。上述保障的实现最终呈现为一种再生保障，即高校为适应信息时代的教学特点与趋势，对教师采取信息化教学能力培养等系列举措。经过培训之后，高校教师信息化教学能力也得到了提高，高校因此树立了更好的教学形象与公信力，因而可以通过更多渠道获取教学资源。在获取教学资源后，高校再将部分资源重新投入教师信息化能力的提升中，从而形成一种良性循环，实现培训运行机制的循环保障。对于高校来说，建立一个培训平台、强化对教师的后援支持，是信息化教学中提升教师创新能力的重要手段。首先要为教师信息化教学的创新素养培养搭建一个专业化的平台。也就是说，要借助这一特殊的平台进行专门的培训，给教师一个专门的培训基地，以完成信息化教学创新素养培训。其次要健全信息化教学的创新素养培养平台。既要为平台配备专业的装备，又要为其配备专业的训练队伍，同时要为其配备充足的培训资源，加大对其的宣传力度，从而提升平台的地位和影响力，使其更好地发挥作用。

第八章

多元视角下我国高校青年教师发展与提升策略

第一节　高校青年教师专业发展影响因素分析

加强对高校青年教师专业发展需求的研究与分析，准确把握其需求内容、结构及变化特点，是开展高校青年教师专业发展促进研究的重要前提。全面认识高校青年教师专业发展需求的影响因素、共性特征、个性特征，在开展差异化分析基础上准确研判当前高校青年教师专业发展中客观存在的供需矛盾，才能加强顶层设计，做好统筹安排，进而实现对高校青年教师专业发展需求的"有效供给"，提高高校青年教师专业发展的科学性、创新性、实效性。

高校青年教师专业发展需求受到来自教师主体、工作环境以及社会环境等各方面因素的共同影响，具体而言就是个人、学校、社会三个方面的影响因素。

一、个人因素

高校青年教师具备明显的个体特征，每位青年教师的个体特征都将作用于专业发展，并对其专业发展需求产生不同的影响和效果。

个人因素是影响青年教师专业发展需求的主要因素，因为个人具备主观能动性，在内外环境的共同作用下，对自身的专业发展具备认知、修复、协调、改进等能力。个人因素主要包括性格特征、专业知识水平、职业发展态度等要素。性格特征是指个人稳定的态度系统和相应习惯的行为风格的心理特征，是个性心理特征的核心部分。不同性格特征的青年教师，对于专业发展需求的态度、选择各不相同，我们应予以重视和研究，在满足青年教师专业发展需求方面努力做到因人而异、因势利导。专业知识水平是指青年教师在某一学科领域已学习和掌握到的知识，并根据社会发展完善知识的程度，以及根据教育教学要求讲授和传播本学科专业知识的能力和水平，简而言之，包括学科知识发展程度和教学能力发展程度两个方面。教师是一种高度专业化的职业，教师不仅要成为精通专业知识的"研究者"，更要成为讲授专业知识的"传播者"，这为青年教师专业发展需求提供了必要选择。职业发展态度是指青年教师对职业发展的看法以及在行为举止方面反映的倾向。职业发展态度的选择和确立，与个人对职业发展的情感认知、价值判断及追求等密切相关，主要表现为职业认同、职业追求、职业道德等。职业发展态度对青年教师专业发展具有明显的正向促进作用，职业发展态度越积极，其专业发展意愿就越强烈，对于专业发展需求的分析也将更主动、更深入，可以更好地帮助青年教师认识到自己的优势、不足以及可以采取的举措，并在此基础上加强职业发展规划，在专业发展能力提升的过程中不走或少走弯路。

个人因素对青年教师专业发展需求的影响具有主动性、综合性、复杂性等特点。首先，个人因素能有效刺激青年教师的专业发展需求。基于人的全面发展、教师的全面发展而言，教师个体的主观能动性在形成专业发展需求方面占据主导地位，一个具备崇高职业理想、远大职业发展目标的青年教师，必定会在专业发展能力提升方面提出高标准、严要求。其次，在个人因素影响下，青年教师的专业发展需求呈现多样化的个性特征。不同性格特点、不同职业发展态度、不同专业知识水平的青年教师，对于专业发展需求的态度各不相同，对于专业发展需求的内容、结构等也会有不同的偏向性选择。比如，在掌握教育教学技能的基础上，一个具备扎实专业基础、接受过严谨科学研究训练的青年教师，相对而言会更加关注学科前沿，更加重视学术研究能力的提高。再次，基于对个人专业发展能力现状的客观认识，青年教师往往会作出反应并提出特定的专业发展需求。比如，高校青年教师大多具备高学历，并在专业领域接受过一定的研究训练，但由于缺乏必要的教师教育训练，在入职初期往往存在讲不清、讲不好、讲不下去等问题，因此，对于新入职教师而言，掌握教育教学技能成为他们最迫切的发展需求。最后，个人因素会在职业价值观层面对青年教师的专业发展需求选择产生深层次影响。具备强烈职业发展意识的青年教师，通常会将个人的专业发展需求置于学校发展、社会发展、国家发展的背景下去思考，会更多地从价值取向、精神境界、道德素质等层面去审视，在注重学科专业能力、教育教学能力发展的基础上，更加重视教书育人能力发展，把学生的人格塑造、能力培养和习惯养成放在与知识教育同等重要的位置，帮助学生"扣好人生第一粒扣子"，树立科学的世界观、人生观、价值观。在此基础上，更好地实现个人职业发展与教育事业发展的相统一，实现个人价值追求与学校发展目标、社会价值引领的统一。

二、学校因素

高校作为社会系统中的教育组织，承担人才培养、科学研究、社会服务、文化传承创新等重要功能，这些功能主要通过教师的工作得以体现。作为高校的生力军和后备军，青年教师的成长发展与学校的长远发展密切相关，高校有责任、有义务为青年教师的专业发展提供有力支持。

学校因素对青年教师专业发展需求具有重要影响，综合国内外研究成果，我们认为其主要包括资源条件、组织文化、发展目标、规章制度。资源条件是指物质资源，也就是学校的图书馆、实验室、教学设备等硬件设施，是青年教师完善学科专业知识、开展教学科研活动的基础条件。组织文化是一个组织中由其价值观、信念、仪式、符号、处事方式等组成的其特有的文化形象，高校的组织文化是经过历史积淀形成的被广大师生员工所共同认可的价值观和行为模式，是大学发展的内在核心力量，为青年教师发展提供氛围和环境。发展目标是学校根据社会对高校提出的期待和要求，结合办学实际，对未来一段时期内学校所能达到的境界或标准作出的预判，对青年教师的专业发展具有引导作用。规章制度是高校制定的用于规范内部管理、开展正常教学科研活动的各种规则和制度，一些具体制度如教师评价制度、岗位评聘制度、教师培训制度等，对青年教师的专业发展提出了明确的要求和任务，在一定程度上影响青年教师作出何种专业发展需求选择。

学校因素对青年教师专业发展需求的影响和作用，可以从三个方面认识和理解。首先，学校因素对青年教师的专业发展需求具有明显的刺激作用。比如，资源条件提供物质资源支持，组织文化提供精神动力支持，共同创造青年教师成长发展的良好环境，能够有效激发青年教师自主发展的主观能动性。其次，从价值观层面来讲，学校组织文化有着强大的精神感召作用，一个了解、认同、接受学校组织文化，并内化为自身内在价值的青年教师，会更加渴望成为一名优秀教师，因而会呈现出更加旺盛的专业发展需求。再次，学校因素对青年教师的专业发展需求具有一定的导向作用。学校是青年教师专业发展的坚实后盾，青年教师的专业发展应当处理好个人和组织的关系，只有主动将个人发展融入学校发展，才能实现个体的更好、更快发展。比如，在当前建设"双一流"大学的时代背景下，青年教师在进行专业发展需求选择时，不能仅仅满足于对基础教学技能的掌握，还应将目光投向金课建设、一流本科教学质量建设、创新学科研究等方向。最后，学校因素对青年教师专业发展需求具有"压力传导"作用。高校不仅为青年教师的成长发展提供政策、经费、资源支持，同时也通过发展目标、规章制度等要素对青年教师专业发展的方向、目标提出明确要求。比如，根据《教育部关于深化高校教师考核评价制度改革的指导意见》精神，高校在开展教师评价时可以采用教师专业发展考评指标，根据学校实际情况细化对教师专业发展的具体要求；再如，根据学校总体发展目标，高校普遍会对不同类型青年教师群体提出相应的专业发展任务，而这些又与青年教师的职称评定、岗位聘任等息息相关。因此，学校因素对青年教师专业发展需求的影响不仅仅是刺激性的，还是压力性的，适当的压力传导，对青年教师专业发展将起到积极的促进作用。

三、社会因素

基于人的社会属性，教师在社会分工中扮演重要角色，在推动人类文明进步的进程中发挥重要作用。教师职业的特殊性决定其要根据社会发展提升专业发展能力，通过更新知识、提高育人水平、服务社会需求等途径实现教师的职责与使命。

社会因素主要包括社会经济发展水平、社会发展需求、社会文化、政策法规等要素。社会经济发展水平的高低对青年教师专业发展具有深远影响。一般而言，社会经济发展水平越高的国家和地区，与之相适应的高等教育体制改革也推进得越深入，会更加关注和重视青年教师的专业发展，并通过经费、政策、项目等多方面的综合支持对青年教师予以激励。另外，伴随社会经济发展，我们已迈入信息时代，教育现代化、教育信息化的时代特征日益明显，对青年教师教育教学改革也提出了新要求、新任务，学习掌握教育新技术、新方法，提高信息化教学能力，逐渐成为青年教师专业发展需求的重要选项。社会发展需要对于调整青年教师专业发展需求结构具有引导作用。青年教师在提升专业发展能力的过程中，应立足校园，服务社会，结合社会发展需求确定个人学科专业领域的重点研究方向，通过产学研合作、促进科研成果转化等方式提高社会服务能力，努力实现个人的社会价值。社会文化对高等教育价值观产生影响，会对高等教育的目的及教育内容产生影响。同时，高等教育也对社会文化具有传承和发展的作用。一个社会对教师的评价和认可度越高，尊师重教的氛围越浓厚，教师的成就感、幸福感也就越容易获得，教师会更多地从价值观层面考虑提高专业发展能力的意义，在专业发展需求的选择方向上也会更加重视教书育人能力的提升。政策法规是推动教师专业发展的重要保障，在丰富专业发展需求内容、改善专业发展需求结构、增加专业发展需求项目供给等方面为青年教师指明了方向，只有掌握好政策性要求，青年教师才可能事半功倍地提升专业发展能力。

社会因素在青年教师专业发展需求的影响因素中处于"外延"地位，其影响并不是直接的、显性的，但作用可以是稳定的、持久的。首先，社会因素可以直接作用于青年教师本身，也可以通过影响学校因素进而影响青年教师的专业发展需求。比如伴随我国社会主要矛盾的变化，当前对接受高质量的高等教育提出了更高要求，青年教师必然要提升专业发展能力，为全面提高高等教育质量作出力所能及的贡献。再如，作为社会的重要组织，学校要根据政策要求以及服务区域经济社会需要，对青年教师专业发展作出方向性指引，并结合学校实际提出细化要求和具体任务。其次，社会因素对于促进青年教师专业发展具有宏观调控作用，并通过适当的行动促使其发展潜能成为现实。社会因素可以调动各类社会资源，对青年教师专业发展作出总体布局和统筹安排，能够根据青年教师专业发展现状，通过政策引导、项目供给、经费支持、资源建设等途径解决一些深层次关键性问题，进而实现对青年教师专业发展需求的"有效满足"，改善青年教师专业发展不平衡、不充分的状况。最后，社会因素在价值引领方面发挥重要作用，能够引领青年教师实现从知识境界到教育境界再到道德境界的飞跃。社会发展依赖人的发展，教师作为教育工作者，不能只满足做传播知识的"教书匠"，更要学会做培养人、塑造人、造就人的"教育家"，对于青年教师而言，不仅要"学高为师"，还要"身正为范"，通过自己的实际行动引导青年大学生健康成长。

高校青年教师是在和学校、社会的互动中实现成长和发展的。一方面，个体、学校、社会这三个因素对青年教师专业发展需求共同产生影响和作用，各个因素既相互独立又相互依存，我们要树立全面性、系统性、综合性的研究视角，从多个维度思考和审视青年教师专业发展需求的供给和满足。另一方面，在个体、学校、社会这三个影响因素中，又分别包含多个影响要素，他们对青年教师专业发展需求的影响和作用既存在共同点，又有不同之处，任何一个具体要素发生问题，都有可能带来"牵一发而动全身"的效果，不仅影响到青年教师专业发展需求的满足，也会影响到青年教师专业发展质量的提高，因此，对高校青年教师专业发展需求影响因素的研究，要从单独关注个体特征、学校环境或社会环境发展为系统地、全面地关注各个层面的具体要素。

第二节　高校青年教师专业发展有效供给策略

加强供给是解决高校青年教师专业发展供需矛盾的主要手段，主要是指项目供给，也包括政策、资源、组织支持等供给。只有扩大供给尤其是项目供给，扩大青年教师专业发展活动的覆盖面和参与面，才可能满足青年教师多元的、动态的发展需求。值得注意的是，加强供给并不是简单的数量上的增加，也不是一味地迎合每个青年教师的发展需求，而是要综合考虑社会要求、学校发展、青年教师实际等多方面的因素，通过统筹安排，实现对青年教师的"有效供给"，推动供给规模、供给结构、供给质量等相适应、相协调。

一、何谓"有效供给"

"有效供给"的主要目的是解决高校青年教师专业发展供需矛盾，要立足实际，直面问题。所谓"有效供给"至少包含以下几层意思：一是要面向所有青年教师提供专业发展机会；二是要有鲜明的发展导向，注重青年教师专业发展能力的协调发展；三是要提高供给质量，推动青年教师在专业发展能力提升方面获得更多的满足感、收获感；四是要将专业发展供给贯彻于青年教师职业发展的各个阶段，推动其可持续发展。在促进"有效供给"的过程中，要始终以全局的观点统筹相关工作，坚持数量与质量相统一、结构与类型相协调、全局与重点相促进。

（一）全面的供给

所谓"全面的供给"，主要是基于专业发展的覆盖面而言的，也就是说要面向全体青年教师提供供给，保证每一位青年教师都有公平享有参与专业发展的权利和机会，这是实现"有效供给"的重要前提。关于全面的供给，可以从促进教育公平的角度来理解，一方面，从全国的情况来看，我国高等教育发展不平衡的状况客观存在，不同地区的高等教育实力、不同类型高校的办学实力存在明显差异。提高教师发展质量，进而提高学校办学质量，是促进各地高等教育均衡发展、实现不同类型高校差异化发展的有效手段，因此要重视对各地各校青年教师专业发展工作的统筹安排，尤其是要重视对教师发展资源相对薄弱的中西部地区的地方高校给予倾斜性支持。另一方面，从高校内部来看，不同类型的青年教师各具特点，一些青年教师因其主观因素影响没有强烈的专业发展意愿，从推动青年教师队伍整体进步的角度而言，我们要坚持面向全员加强统筹规划，针对各级各类青年教师开展相应的指导和帮扶，确保每一位青年教师都有平等参与专业发展的机会。

（二）均衡的供给

从促进青年教师全面发展的角度而言，"有效供给"应当是"均衡的供给"，也就是说要对应青年教师专业发展能力的结构和内容，引领其注重各类能力的协调发展，这是提高专业发展供给科学化水平的重要体现。在实践工作中，青年教师的专业发展能力提升往往会出现结构失衡的现象。一方面，须对青年教师的专业发展选择偏好加以引导。青年教师基于个性特点、兴趣爱好等因素，往往会优先选择一些显性的、短期性的专业发展项目，而对于那些隐性的、长远性的项目的重视程度不够。在全面深化新时代教师队伍建设的时代背景下，教师的师德师风建设日益凸显，而一些青年教师并没有将教书育人能力的发展提到与教育教学能力、学科专业能力发展同等重要的位置，因此，有必要加强对青年教师专业发展方向的指导，不能任由其任意生长、失衡发展。另一方面，要审视现有的供给是否存在结构性矛盾。我们所提供的供给要对应青年教师专业发展能力的结构和内容，不能背离促进青年教师专业发展的目标和要求。因此，"均衡的供给"不仅仅是规模的扩大，还应包含类型的丰富、结构的调整，能够让每一位青年教师都能选择到对应的项目或资源。

（三）高质量的供给

"高质量的供给"是基于实施效果而言，意味着能够达到预期目标，我们认为包含两个层面，一是参与者要有收获感，也就是说要让青年教师确实感觉到有帮助、有作用，对专业发展供给的评价较高，进而激发其提升专业发展能力的主观能动性；二是组织者要有成就感，也就是说组织者通过高质量的供给，要解决制约青年教师专业发展能力提升的一些关键性问题，提高青年教师专业发展的能力和水平。实现高质量的供给并非易事。首先要基于问题导向，深入青年教师中开展调研，充分了解其实际需求，在此基础上统筹考虑全面发展与个性发展、全员发展与重点发展、短期发展与长远发展等的关系，进而提高顶层设计的科学性。其次要坚持分类指导，根据不同类型青年教师的特点作出各具针对性的安排和指导，进而推动青年教师专业发展能力的全面提升。最后要加强协同创新，通过促进校内协同、校校协同、校企协同、校地协同等，积极引入优质的教师发展资源，进而为青年教师提供更高质量的专业发展服务。

（四）可持续的供给

青年教师专业发展具有长期性、系统性、复杂性等特点，其专业发展是一个动态的、连续的过程，因此对其专业发展的"有效供给"还应是一种"可持续的供给"，应当贯穿其职业发展的各个阶段，并根据相关变化进行动态调整。一方面，教师的职业特点决定青年教师必须树立终身学习理念，始终将专业发展能力提升作为职业发展的客观要求，因此我们要始终关注青年教师的专业发展需求，积极创造条件为其提供可持续的发展支持。比如，对于进入"职业发展高原期"的青年教师而言，他们往往会出现专业发展意愿薄弱的现象，要采取有效措施刺激其产生新的发展需求，助推其取得新的进步。另一方面，青年教师进入不同职业发展阶段后，其发展需求会产生一定变化，我们必须采取相应的举措来适应这种变化，进而推动青年教师在专业发展道路上取得新的突破和进展。比如，入职初期的青年教师往往注重基础性教学技能的掌握，而当其成为教学骨干之后，关注的重点可能变为课程开发能力、专业建设能力的提升，因此，不管青年教师处于哪个职业发展阶段，我们提供的供给都能适应青年教师这种动态的需求变化。

二、实现"有效供给"的策略建议

提供充足的、丰富的"有效供给"是解决高校青年教师专业发展供需矛盾的重要途径，而如何实现"有效供给"也就成为一个现实命题。结合本章前三节的阐述，我们认为，实现"有效供给"既要立足当前，又应着眼长远，始终将青年教师专业发展看作一个动态的、连续的、变化的过程，立足个体、学校、社会三个层面，多措并举，齐头并进，构建一个互动的、良性循环的青年教师专业发展生态体系。

（一）激发青年教师自我发展的内在驱动力

一是要充分了解青年教师专业发展的实际需求。实现对青年教师专业发展的"有效供给"，既要重视"数"的增加，更要重视"质"的提高。管理部门不能只站在自己的角度，根据自身的主观意愿来推行工作项目，要学会换位思考，多站在青年教师的角度来考虑和反思，要将青年教师欢迎不欢迎、认可不认可、满意不满意作为顶层设计的重要原则，不断增强工作项目的吸引力，激发青年教师参与专业发展的主动性、积极性。二是要全面加强对青年教师的帮扶指导。青年教师处于职业发展的初期或上升期，在专业发展能力提升过程中往往会遇到各种实际问题，比如受家庭、生活压力等因素影响无暇顾及能力提升，或因缺乏团队帮扶、老教师指导而感到迷茫，等等。我们要重视对青年教师所面临的一系列实际问题的解决，要通过组织关心、个性化帮扶等方式，尽量解决他们参与专业发展的后顾之忧，为其成长发展创造有利条件。三是要积极引导青年教师专业能力全面发展。青年教师的专业发展选择往往带有个人偏好，这固然能为某项能力的发展带来积极效果，但如果忽视其他能力的协调发展，有可能给其长远发展带来不利影响。从促进人的全面发展的角度而言，我们要审视青年教师的专业发展能力结构和水平，帮助青年教师找出薄弱环节，并作出相应改进，促进其专业发展能力结构更加均衡。四是要加强调研，推动工作创新。要发挥各方面的力量，通过课题立项、实证研究、案例分析等方式，基于促进青年教师全面发展、均衡发展、高质量发展、可持续发展等角度加强思考和研究，找准促进青年教师专业发展的立足点、落脚点、发力点，通过课题研究成果为实现"有效供给"提供科学依据。

（二）营造青年教师成长发展的良好环境

一是要编制青年教师专业发展能力提升规划。要坚持全局观点，将促进青年教师专业发展纳入教师队伍建设的总体布局，纳入全面提高高等教育质量的总体全局，在全面了解青年教师专业发展能力现状的基础上，精准把握、加强和改进青年教师专业发展工作的关键性问题，对标国家政策要求和学校发展目标，科学编制青年教师专业发展能力提升规划，明确不同时期的发展目标和具体任务，进一步提高青年教师专业发展工作的前瞻性、统筹性、科学性。二是要推行青年教师专业发展标准化建设。全面认识青年教师成长发展规律，结合国内外研究成果，在实事求是、集思广益的基础上研究制定高校青年教师专业发展标准，对不同职业发展阶段的青年教师提出相应的专业发展要求，明确其专业发展的内容、结构以及对应的要求等，进一步提高青年教师专业发展工作的科学性。目前，我国已完成幼儿园教师专业标准、中小学教师专业标准的认定工作，但关于高校教师专业标准的研制暂未启动，各地各校可以根据自身实际开展创新探索。三是要加强经费保障。充足的经费保障是实现青年教师专业发展"有效供给"的重要前提，各地各校要根据青年教师规模以及培养目标设立专项经费，专门用于青年教师专业发展能力提升工作。要在加大经费投入力度的同时，更加重视经费投向结构的合理性，统筹安排好成长资助类、集中培训类、网络研修类等各类专业发展项目的经费支出，确保专项经费支出与青年教师专业发展规划相适应。四要优化制度环境。要严格落实《教育部关于深化高校教师考核评价制度改革的指导意见》《中共中央 国务院关于全面深化新时代教师队伍建设改革的意见》及《深化新时代教育评价改革总体方案》等政策性文件，并根据文件精神制定实施细则，推动青年教师专业发展工作落到实处、落到细处。要进一步深化教师评价制度改革、高校教师职称制度改革等，突出促进青年教师专业发展的导向，将教师专业发展纳入考核评价体系，实现与绩效考核、职称评定等工作的有效衔接，通过推进青年教师发展性评价改革等要求，进一步加强对青年教师的培养，突出"培养"与"使用"并重的人力资源管理导向。

（三）加强专业化的教师发展平台建设

一是要重视各级各类教师发展机构建设。从学校角度而言，既要发挥院系教研室的基础性作用，加强对某一专业青年教师的指导帮扶，更要发挥学校教师发展中心的引领性作用，统筹做好全校青年教师的专业发展指导工作。从教育行政部门角度而言，要重视高校师资培训中心体系与高校教师发展中心体系建设，通过资源整合，建立一个上下联动、高效运转的机构体系，能够在专业发展能力提升方面为全国高校青年教师提供统一的智力支持和项目支持。

二是要建设具有区域特色的教师发展单位联盟。根据本区域高校青年教师专业发展的现状及目标，通过整合高校、企业、科研院所以及有关社会单位的资源，建设服务区域内青年教师专业发展的合作联盟，如区域性的教师发展中心联盟、区域性的教师企业实践平台联盟、区域性的教师产学研合作联盟等，为促进青年教师专业发展引入更多的优质资源，逐步建成具有区域特色的青年教师专业发展协同创新机制。

三是要加强管理干部队伍建设。在加快推进"双一流"建设、提高我国高等教育核心竞争力的时代背景下，面对青年教师成长发展的紧迫要求，必须更加重视管理干部队伍建设，通过"请进来"与"走出去"相结合的方式，拓宽管理干部的工作视野，提升其发现问题、研究问题、解决问题的实际能力，为提升青年教师专业发展水平提供坚实的人力资源保障。

四是要加强信息化平台建设。伴随信息技术的飞速发展，青年教师专业发展已突破时间和空间限制，"时时学习、处处学习"不仅成为可能，更成为一种常态。但从目前我国的实际情况来看，高校教师专业发展的信息化平台建设相对滞后。从国家层面来看，2007年，教育部成立了全国高校教师网络培训中心，利用远程技术和网络等新媒体开展学习培训，但在运行过程中，培训内容部分过时、培训过程较难监管、硬件资源有待更新等问题逐渐显现，对新媒体新技术的利用不够充分。从省级层面来看，各地关于高校青年教师网络学习平台的建设尚处于起步阶段，目前仅有少数地区已经建成或正在建设基于网络的教师培训管理系统。从高校层面来看，仅有少数高校建设了信息化管理平台和教师网络学习社区。2020年新冠疫情期间，很多地区的高校青年教师的专业发展工作基本处于停滞状态，从一个侧面暴露了加快建设教师网络学习社区的必要性和紧迫性。

（四）重视青年教师专业发展项目建设

一是注重专业发展项目的覆盖面和均衡性。覆盖面是基于工作对象的角度而言的，也就是说要重视对各级各类青年教师的全面覆盖，通过持续性的项目供给，让每一位教师都有平等参与的机会，从而不断巩固和扩大青年教师专业发展项目的群众基础。均衡性是基于工作内容的角度而言的，也就是说要对应青年教师专业发展能力的结构做好专业发展项目的统筹安排，通过学科专业类、教学发展类、教书育人类等各类项目的综合安排，突出对青年教师专业发展方向的正确引导，促使其更加重视专业发展能力的均衡发展、协调发展。

二是要建设富有特色和影响的精品项目。在实现全面覆盖的基础上，"有效供给"的更高境界是指高质量的供给，具体到专业发展项目而言，是能够赢得青年教师的欢迎和认可。在实际工作中，我们注意到，尽管管理部门推出了较多的专业发展项目，但青年教师的总体满意度却不高，究其原因，或是没有体现青年教师的实际需求，或是没有抓住青年教师的兴趣点，或是内容形式比较单一，缺乏新意和吸引力，等等。因此，在进行项目顶层设计时，要充分考虑青年教师的特点和喜好，在内容设计、师资选配、实施形式、过程管理、后勤服务、绩效评估等方面作出创新性安排，推动专业发展项目更接地气、更具人气。

三是要通过项目绩效考核予以动态调整。青年教师专业发展项目具有结构性和层次性。从结构性来看，是指项目要体现专业发展能力的各个层面，如学科专业类项目、教学能力类项目、教书育人类项目，等等；从层次性来看，是指项目实施主体有所不同，如国家级项目、省（区、市）级项目、校级项目，等等。各级各类项目在实施过程中，受各种因素影响所获得的效果也有所不同，因此有必要通过项目绩效考核的形式予以一定调整，并通过这种局部的调适来确保整个项目体系的完整性、科学性。

第三节　高校青年教师专业发展项目建设

经过长期工作实践，我国初步建立起从国家到地方再到高校的三级高校青年教师专业发展项目体系，为促进高校青年教师专业化发展提供了较为丰富的项目支持。从国家层面来看，以访问学者、高职院校教师素质提高计划、中西部高校新入职教师国培示范项目等为代表的一批国家级项目的实施，在整合优质资源、推动工作协调开展、提升青年教师发展质量等方面发挥了积极作用；从地方层面来看，以区域重大教师发展计划、区域人才培育项目等为代表的区域性项目的实施，在优化区域青年教师队伍结构、提高区域高等教育质量等方面发挥了积极作用；从高校层面来看，以各校结合实际开展的各类青年教师专业发展项目，尤其是一些特色项目、创新项目的实施，在提高学校青年教师专业发展水平、推动学校内涵建设等方面起到了积极作用。在加快推进"双一流"建设的时代背景下，进一步做好高校青年教师专业发展促进工作，有必要对现有项目进行评估分析，在总结经验、查找问题的基础上加强审视和反思，进一步探究高校青年教师专业发展的目标和方向，进一步明确高校青年教师专业发展项目建设的内容和要求。

一、成长资助类

为更好地促进高校青年教师成长发展，加速培养造就一批处于科学前沿的优秀学术带头人及其后备力量，国家有关部门、各地各高校出台和设立了专门用于面向青年教师的成长资助类项目。国家层面有"国家杰出青年科学基金项目"，教育部"长江学者奖励计划"、"优秀青年科学基金项目"（含海外项目）、"青年拔尖创新人才支持计划"等。省级层面，如河南、陕西、安徽及广西等地实施"青年教师学术新秀资助计划"等，评选和奖励一批在教学、科研中成绩突出的35周岁以下的优秀青年教师，通过跟踪培养，引导他们在教学改革与科学研究前沿进行创新研究。高校层面，清华大学设立了"学术新人奖""青年教师教学优秀奖"等，定期开展教学技能大赛、教学效果评估；实施"基础研究青年人才支持计划""中青年领军人才支持计划"，对列入计划的人选实行"优劳优酬"、发放特殊津贴。武汉大学设立人才专项基金，整合学校财力和校友捐助经费，为人才提供具有竞争力的薪酬待遇和科研条件；同时设立文科杰青、文科优青岗位，遴选人文社科领域同年龄段具有长江杰青或四青水平的优秀青年学者，并给予稳定支持。

通过一系列成长资助类项目的实施，一大批优秀青年教师脱颖而出。通过给予特殊津贴，解决了青年教师在成长关键期的后顾之忧，使其能够安心本职工作；通过给予专项研究经费支持，使得青年教师能够潜心科学研究；通过特别的政策扶持，使得具有发展潜力的青年教师能够尽早成才。但是，在此类项目实施过程中出现的一些问题也值得注意，如项目与计划政出多门，资源较为分散，尚未形成有利于促进青年教师专业发展的合力；项目主要关注青年教师个人，缺乏对青年创新团队的支持；等等。

二、团队建设类

加强青年教师团队建设，能够打破校际和部门院系间的条块分割以及学科间的壁垒，有利于打造跨校、跨院系、跨地区、跨学科的研究平台，培养青年教师的团队协作意识，通过发挥有经验的老教师及部分优秀青年教师的传帮带作用促进团队整体发展。当前，国家和省级层面面向青年教师的团队建设类项目基本空白，部分高校设立了校级资助的青年教师团队建设项目，但以科研类团队项目居多，教学类团队项目很少。

上海外国语大学、北京交通大学、北京语言大学和西北民族大学以教学团队建设为抓手，提高青年教师教学能力。以上海外国语大学青年教师教学团队培育计划为例，该项目以提高青年教师教学水平和教学质量为目标，注重教学方法改革，通过建立有效的团队合作机制，积极开展教学研究，促进教学研讨和经验交流，在富有经验的教师培养和指导下，培育一批教学水平高、协作精神强、富有创新精神、人员结构合理的青年教学骨干。此外，团队中必须至少包括一名来自不同学科或专业方向的成员，从而形成跨学科、跨专业的合作型团队，充分体现了学科交叉与专业融合的特点。

三、岗位培训类

（一）高校教师岗前培训

高校教师岗前培训是针对新入职教师的职前培训，以帮助新入职教师掌握基础教育教学能力、了解教师行业要求、胜任教书育人岗位需要为目标。根据1997年国家教委发布的《高等学校教师岗前培训暂行细则》和《高等学校教师岗前培训教学指导纲要》，培训内容以教育部规定的教育学、教育心理学、高等教育法规、高校教师职业道德修养四门课程为主，共计110课时，培训由各省级教育行政部门统筹安排，具体由省级高师培训中心或有关高校承担培训任务。伴随时代发展，高校教师岗前培训项目存在的问题日益突出，如高校或教师不够重视，参训积极性不高，以致培训流于形式；内容体系单一陈旧，与当前高校新入职教师的发展需求结合不够紧密；组织管理和考核不够严密；等等。鉴于此，教育部于2016年推行中西部高校新入职教师国培示范项目，对原有的培训内容、培训模式进行改革探索，设置了"专业理念与规范、教学技能与方法、信息技术与应用"三个内容模块，突出师德师风、教学技能、信息化技术等方面的培训，并通过3周的集中培训和为期不少于6个月的返岗实践强化对新入职教师的持续性培养。由于项目呼应新入职教师的实际发展需求，再加上新颖的实施形式和严格的考核管理，自推行以来受到广泛好评。此外，各地各校也加强了高校岗前培训项目的改革探索，推行了一些值得借鉴的举措。上海市面向市属高校新入职教师实施为期3个月的规范化培训，开发建设了模块化的培训课程，采取实践导向的行动学习培训模式和多样化的学习方式。湖南大学、中央音乐学院等高校将师德师风教育作为岗前培训的重要内容；武汉大学将校史、职业规划、教育技能、学生工作、行政职业能力等培训科目融入岗前培训中；山东大学增设健康保健与医疗急救、校园安全与消防知识等板块；同济大学强化青年教师职业生涯指导，探索实施"新教师入职教育培训计划"，围绕职业素养、教育教学能力等专题，加强新教师入职教育，帮助新教师尽快适应教师职业角色。

（二）青年教师助讲培养和职业导师制度

青年教师助讲培养和职业导师制度是根据青年教师自身和所在学科专业特点，选派思想道德好、教学经验丰富的教师作为青年教师的职业导师，指导青年教师进行助课助教工作，包括辅导答疑、批改作业、实验课指导、实习指导、组织课堂讨论、协助指导论文、毕业设计或指导研究生等，通过"传、帮、带、促、导"等多种方式，推进青年教师成长发展。国家层面，在教育部和其他部委联合发文中多次提出"发挥老教师传帮带作用"，但尚未有专门的政策制度对其作出明确要求。省级层面，以浙江省为代表，从2013年1月1日起在全省高等学校全面实施"青年教师助讲培养制度"。部分高校出台了制度文件来实施青年教师助讲助教和职业导师制度，从部属高校、省属地方院校到民办高校、独立学院均有案例，但推广面还需进一步扩大。

（三）青年教师校企合作产学研类项目

青年教师校企合作产学研项目是选派青年教师到企业、科研院所、政府等机构工作，调研相关企业和行业的科技人才需求，开展科技成果转化，参与技术研发和生产经营管理等活动，发挥桥梁纽带作用，促进企业与高校的有效对接和联合，建立产学研合作长效机制，组建产学研战略联盟，开展人才联合培养。国家层面一直通过政策建议引导各地各校重视青年教师产学研用结合及服务社会能力。部分地区如湖北、上海、浙江、江苏等均推出了区域性的高校青年教师践习计划；黑龙江在省级访问学者项目中增设企业访问学者类别，将企业、科研院所、政府等机构纳入访问学者接收单位。部分高校特别是行业特色明显的高校，如中国矿业大学、中国石油大学对青年教师的企业实践经历非常重视，制定了专门的实施和资助计划。但是，在项目实施过程中，部分青年教师认识不够，参与积极性不高；企业、科研机构和政府部门对青年教师的接纳程度不够，导致青年教师实践收获不明显等。

四、研讨交流类项目

（一）青年教师出国研修项目

选派青年骨干教师到国外高水平大学或科研机构师从国际知名导师进行学术研究，帮助青年教师了解学科领域最前沿的研究方向，为青年教师提供了国际化的学术交流平台，开阔了其学术视野。国家层面有留学基金委的"青年骨干教师出国研修项目"及国外各基金组织的资助项目。各地及各部属高校普遍设立了地校级资助的青年教师出国研修项目，部分资金充足的省属高校和民办高校也有小规模的出国研修资助基金，如山东实施"优秀中青年骨干教师国际合作培养计划"、湖北设立"教师国际交流专项资金"，浙江、上海、广东等地区在此方面投入很大。高校层面有浙江大学的"新星计划"、东南大学的"青年骨干教师出国培养计划"、江苏大学的"师资培训出国留学专项基金"和"国际学术交流基金"等；武汉大学实施的"青年拔尖人才出国培养计划"，严格按照一流学校、一流学科、一流导师的标准选拔，并按照国家留学基金委资助生活费标准的1.5倍进行资助，起到了较好的效果。总体而言，此类项目存在的问题主要有：缺乏对于可申请的国外高校、学科专业和导师素质的科学、统一的评估和审核标准；对青年教师在国外的研修访学缺乏跟踪管理和督导；对青年教师返校后的研修成果缺乏有效的评价指标。

（二）青年教师国内访问学者项目

选派青年骨干教师作为国内访问学者赴国内重点高等学校重点学科进行一年的全脱产研修，使他们能够及时了解学术前沿动态和发展趋势，提高了教学科研能力和学术水平，强化了创新意识，为回校后发挥学术带头人或学术骨干作用奠定了基础。国家层面实施的有教育部"高等学校青年骨干教师国内访问学者项目"和中组部、教育部、科技部、中国科学院联合实施的选派对象面向西部各省（区）的"西部之光"访问学者项目。北京、浙江、上海、广东、广西、山东、黑龙江、福建、湖南、湖北等省（区、市）都设立了省级资助的国内访问学者项目。上海和广西为国内访问学者项目提供了优厚的资金保障；山东要求访问学者的接收学校必须是省外高校，以促进青年教师跨区域的学习交流；湖北、黑龙江特别制订了省内访问学者计划，充分发挥省内重点高校示范引领和服务地方的社会功效。北京市在国内访问学者项目中特别强调教学方法和技能的培养，要求访问学者前半年必须跟随指导教师进行教学观摩和实践，指导教师与访问学者之间一对一辅导。很多省属高校、民办高校和独立院校也出台政策文件鼓励青年教师以课程进修、科研进修等形式进行访学交流。此类项目实施中存在的主要问题有：对接收学校和指导教师缺乏必要的督导机制；派出单位对青年教师研修访学期间的情况缺乏有效的跟踪管理和督导机制；对青年教师返校后的研修成果缺乏有效的评价指标；项目形式相对单一，可考虑根据访问学者自身发展需要细分为教学型、科研型、企业实践型等，并分别制定相应的考核办法。

（三）青年教师学术研修班

以名师巡讲、教学案例分析和精品课程推广使用为主，以国家重点学科、重点实验室、工程研究中心、开放实验室和教学基地为依托，帮助青年教师了解学科领域前沿知识，分享教学及科研的成果和经验，促进同行交流与合作。国家层面曾组织"教育部高等学校青年骨干教师高级研修班"。各地则根据区域内高校特点和青年教师发展状况，委托高师中心体系和重点高校举办一系列专题性的青年教师学术研讨班。部分高校也依托特色优势学科开展了一些学术研修班。此类项目实施中存在的问题主要有：项目设计缺乏科学的整体规划；未能有效发挥重点高校特色优势学科的示范引领作用；区域性的合作交流有待加强。

五、教改教研类项目

（一）国家级一流本科课程建设项目

2019年10月，教育部发布《教育部关于一流本科课程建设的实施意见》（教高〔2019〕8号），建设适应新时代要求的一流本科课程，全面开展一流本科课程建设，树立课程建设新理念，推进课程改革创新，实施科学课程评价，严格课程管理，立起教授上课、消灭"水课"等硬规矩，夯实基层教学组织，提高教师教学能力，完善以质量为导向的课程建设激励机制，形成多类型、多样化的教学内容与课程体系。经过三年左右时间，建成万门左右国家级一流本科课程和万门左右省级一流本科课程（简称一流本科课程"双万计划"）。

2020年11月推出的首批国家级一流本科课程共计5118门，包括1875门线上一流课程、728门虚拟仿真实验教学一流课程、1463门线下一流课程、868门线上线下混合式一流课程和184门社会实践一流课程。这是国家级五大"金课"首次一并亮相。

五大"金课"中，精品慕课最为大家熟知。此外，线下一流课程主要通过教学方法创新实现对传统课堂教学的改革，强调以学生为中心，激发课堂生机活力。线上线下混合式一流课程基于慕课等优质在线课程，并结合对校内课程的创新性改造，实现线上学习与线下面授相融合的混合式教学。虚拟仿真实验教学一流课程借助现代信息技术、人工智能技术与实验教学的深度融合，实现"网上做实验"和"虚拟仿真实验"，有效解决了传统实验教学中"做不到""做不了""做不上"的问题。社会实践一流课程，以培养学生综合能力为目标，推动思想政治教育、专业教育与社会服务紧密结合，全面培养学生认识社会、研究社会、理解社会、服务社会的意识和能力。

该项目存在的问题主要有：课程类别较多，总体数量相对有限，且某些类别如虚拟仿真实验教学课程和社会实践课程在学科类别上具有一定的局限性。虚拟仿真实验教学课程对于理工科更有优势，社会实践课程对于社会科学类学科更有优势。此外，国家级一流本科课程立项后，后续跟踪、定期复评以及持续建设等方面的要求和机制尚不完善，需进一步加强。

（二）教学团队建设

根据《教育部 财政部关于实施高等学校本科教学质量与教学改革工程的意见》（教高〔2007〕1号）的总体安排，计划在全国本科高校中建立1000个国家级教学团队。教学团队建设的目标是通过建立团队合作的机制，改革教学内容和方法，开发教学资源，促进教学研讨和教学经验交流，推进教学工作的传、帮、带和老中青相结合，提高教师的教学水平。各地也实施了省级教学团队资助计划，浙江、山东、辽宁、江西、湖北、湖南、江苏、甘肃、河南等省每年均资助一定数量的省级教学团队。此外，部分高校也有校级教学团队资助计划。

2018年起，为贯彻落实习近平总书记对黄大年同志先进事迹重要指示精神，教育部启动了"全国高校黄大年式教师团队"创建活动，要求以团队建设贯彻落实党的十九大精神，以团队建设推进高等教育内涵式发展，以团队建设打造高素质专业化创新型高校教师队伍，以长效机制建设促进团队可持续发展。2017年底公布首批201个教师团队，2021年12月30日公布第二批200个教师团队。

同时，为深入贯彻习近平总书记关于职业教育的重要指示批示和全国职业教育大会精神，落实《关于推动现代职业教育高质量发展的意见》《国家职业教育改革实施方案》，根据《全国职业院校教师教学创新团队建设方案》，在2019—2021年，培育和建设了360个满足职业教育教学和培训实际需要的高水平、结构化的国家级团队，通过高水平学校领衔、高层次团队示范，教师按照国家职业标准和教学标准开展教学、培训和评价的能力全面提升，教师分工协作进行模块化教学的模式全面实施，辐射带动全国职业院校加强高素质"双师型"教师队伍建设，为全面提高复合型技术技能人才培养质量提供强有力的师资支撑。

该类项目建设中存在的主要问题有：建设的形式比较单一，缺乏跨学科、跨学校的团队组合；缺少科学有效的监督和考评机制。

（三）青年教师教学竞赛

以教育教学技能为核心的青年教师教学竞赛是快速提高青年教师课堂教学能力的有效途径。规模较大、参与面较广的有中国教科文卫体工会主办的全国高校青年教师教学竞赛。有关学科的行业协会也组织了按学科分类的教学竞赛。各地各校也普遍开展了省级或校级青年教师教学竞赛，如东北大学、武汉大学等高校明确要求所有新入职的青年教师必须参加校级教学竞赛。

2020年，首届全国高校教师教学创新大赛举办。此项赛事由中国高等教育学会主办，以推动教学创新、打造一流课程为主体，落实以本为本，推动教授上讲台，推进智慧教育，强化学习共同体，引导高校教师队伍建设分类发展。

该类项目存在的主要问题有：部分青年教师参赛带有一定的功利性，在竞赛中表现的态度、精神和方法没有运用到日常教学工作之中；对教学竞赛中脱颖而出的教学新秀、教学能手缺乏可持续性的发展支持，一些优秀成果没有得到应用和推广。

六、表彰激励类项目

（一）师德育人奖

此类奖励主要侧重于弘扬师德师风，营造尊师重教的良好风尚，表彰师德高尚、业务精湛、教书育人成绩显著、事迹感人、享有很高社会声誉、具有重要影响力、人民群众公认的优秀教师。全国层面的有教育部联合中央主要媒体和教育媒体于2010年启动的全国教书育人楷模评选。地方层面的有以上海市育才奖为代表的表彰项目，该项目由上海市教育发展基金会组织，奖励本市长期从事高教事业，并在高教事业中作出突出贡献的教师、专业技术人员和管理人员。

（二）教学名师奖

教育部"高等学校教学名师"工程自2001年实施以来，已在全国高等院校中评选出一批国家级教学名师，推出了一批既有较高的学术造诣，又能长期从事基础教学工作，注重教学改革与实践的名师，并通过名师的示范引领作用，激发广大高校教师积极投身基础教学工作的热情。各地各高校相继推出相应的"名师工程"。

2017年起，根据《关于印发〈国家高层次人才特殊支持计划〉的通知》（中组发〔2012〕12号），教育部每年遴选100名国家"万人计划"教学名师，要求有：长期从事一线教学工作，培养优秀青少年，有突出贡献，对教育思想和教学方法有重要创新，为人师表，师德高尚，在教育领域和全社会享有较高声望。

宝钢教育基金会设立了宝钢教育奖，其中包括：宝钢优秀教师奖，奖金金额为1万元/人，名额为200~300名；宝钢优秀教师特等奖，奖金金额为10万元/人，名额为10名；宝钢优秀教师特等奖提名奖，奖金金额为3万元/人，每年名额不定。

此类奖励存在的主要问题有：评选条件更多地看重科研学术成就和项目经验，对教育教学技能如课堂教学水平、教研教改能力和成果等方面要求较少，同时也缺乏来自教学对象和同行的评议。

（三）教学成果奖

高等教育教学成果奖是国务院确定的国家级奖励，从1989年开始每4年评选一次，2013年已扩展为国家级教学成果奖，面向基础教育、职业教育、高等教育三大领域。各地和部分高校也设立了省级、校级教学成果奖。教学成果奖意在奖励在教学实践、改革、研究中取得教学成果的单位和个人，发挥教学成果的引领激励作用，提高教育质量。

项目实施中存在的主要问题有：奖项主要关注宏观的培养机制，对于基础类、通识类和研究心得类成果的归纳和提升关注不够，在评审中较少关注课程设计、教学方法和技术运用等方面。

七、项目改革思路

高校青年教师专业发展项目建设是一个长期过程，需要通过不断的时间积累、经验积累才能形成规模和影响，赢得欢迎和认可。尽管目前我国建立了较为丰富的教师专业发展项目体系，为促进高校青年教师专业发展提供了一定的项目支持，但总体而言，还存在项目覆盖面不广，项目结构不够均衡，项目设计缺乏科学性、创新性，项目运行机制建设不够健全等突出问题，需要我们以动态的、发展的眼光加强反思，结合时代发展要求、高等教育改革发展要求、青年教师专业发展要求，以改革创新的精神推动高校青年教师专业发展项目建设焕发新的生机和活力。

（一）优化项目总体布局

高校青年教师专业发展项目建设的总体目标是要实现青年教师专业发展与学校发展、高等教育改革发展的协调与统一，通过做好青年教师专业发展的引导和促进工作，推动学校内涵建设和高等教育质量建设迈上新的台阶。因此，在深化高校青年教师专业发展项目改革探索的过程中，必须对进一步优化项目总体布局作出全面认识和深刻理解。一是要重视项目覆盖的全面性。高校青年教师专业发展项目的规划和布局，必须着眼整体，面向全员，要以满足不同地区、不同类型高校青年教师专业发展需求为总体目标，为每位青年教师平等参与专业发展项目提供机会和保障。对于教育行政部门而言，要考虑通过项目部署做好调整青年教师专业项目结构、提高项目建设质量等方面的工作，以此推动不同地区、不同高校青年教师的同步发展、整体发展。二是要重视项目结构的均衡性。项目顶层设计必须呼应青年教师专业发展能力的结构与内容，必须立足青年教师的专业发展现状和水平，并根据项目评价作出动态调整。项目结构的优化，不仅能为青年教师提供更加丰富的项目选择机会，实现专业发展需求的个性化满足，还能有效改变青年教师基于专业发展选择偏好带来的专业能力发展失衡现象，通过特定的项目安排，对其专业发展方向作出有效引导，从而推动青年教师队伍的全面发展、协调发展、可持续发展。三是要重视项目实施的生动性。高校青年教师专业发展项目的设计与实施，必须加强对青年教师群体特征的分析，根据其成长发展规律作出科学安排。长期以来，我们实施的一些高校青年教师专业发展项目按照既有模式实施，存在内容陈旧、形式单一等突出问题，导致项目建设缺乏新意，缺乏时代特征，对青年教师没有产生足够的吸引力，未能激发青年教师参与专业发展项目的主观能动性。在项目实施过程中，可以考虑引入行动学习、小组研讨、团队任务等环节，以改变大多数项目主要采取集中讲授这种单向的灌输式的学习方式的现状。四是要重视项目建设的联动性。高校青年教师专业发展促进工作是一个系统性工程，应将其置于加强高校教师队伍建设、全面提高高等教育质量的总体布局中研究部署。高校青年教师专业发展项目建设不是静态的、孤立的，还应看到其与其他工作项目的协同效应。对于组织者而言，一方面，要加强与本单位有关部门的联动配合，形成高效的内部协作机制，通过强化项目建设为青年教师专业发展提供良好的制度保障、机制保障。另一方面，要加强与本单位之外的有关部门、企业的协同合作，争取更广泛、更优质的资源支持，不断提高项目建设质量。

（二）深化具体项目改革

高校青年教师专业发展项目改革成效是否明显，更多的是通过每个具体项目的改革成效来体现的，因此，在优化项目总体布局的基础上，还应重视对具体项目的研究和探索。相对于项目总体布局而言，具体项目的改革更多的是聚焦于微观层面，关注的是具体项目的设计、筹备、实施与评估。项目总体布局通常以"明确方向、调整结构、促进公平、提高质量"等为主要目标，而具体项目改革以实现"委托者满意、组织者满意、实施对象满意"等为具体导向。根据当前我国高校青年教师专业发展项目实施过程中存在的有关问题，我们认为深化具体项目改革要努力实现"四个转变"。一是项目设计理念应实现以"研修培训"为主到以"人力资源开发"为主的转变。"研修培训"理念主要是基于组织发展需求，实施对象往往处于被动接受的过程，对于项目的设计与实施起不到决定性作用；而"人力资源开发"理念则立足"人的全面发展"，是以教师个体发展需求为导向的能力开发过程，要求项目的设计与实施必须"以学习者为中心"，充分考虑其特点和需求。对于委托者和组织者而言，应当学会"换位思考"，多倾听青年教师的意见，多站在青年教师的角度去思考，要以青年教师欢迎不欢迎、满意不满意、认可不认可作为项目设计的出发点和落脚点。二是项目实施应实现以个体学习为主到以团队协作为主的转变。从目前我国高校青年教师专业发展工作实践来看，大部分教师专业发展项目的实施多以个体学习为主，缺乏有效的团队协作与支持。比如，岗位培训类、研讨交流类项目大多采取集中培训或访学研修形式，大部分时间都是主讲教师的单向式讲授，主讲教师与学员之间、学员与学员之间缺乏深度的互动式的研讨交流。再如，成长资助类、表彰激励类等项目以个人激励为主，虽然通过选树典型能够发挥其示范引领作用，但如能对从中涌现的先进人物及优秀成果，通过专题讲座、宣讲报告会等方式面向更广泛的青年教师群体开展宣传推广，或许能深化项目实施效果。现代社会具有大开放、大融合特征，在深化高等教育改革，推进"双一流"建设的时代背景下，青年教师专业发展能力的提升不单单是靠个人努力，还应通过协作学习、团队任务、联合研究、协同攻关等形式予以支持和拓展。三是项目管理应实现以组织者为主到以参与者为主的转变。传统的项目管理主要基于组织者的视角进行，强调对项目的全过程管理、全方位管理，在这种模式下，组织者更多的是从管理的角度提出约束性要求，而不是站在服务提供者的角度作出精细化安排。推动项目管理更加重视参与者的作用，就是要激发参与者的主观能动性，努力实现参与者的自我管理与自我服务，能对项目建设提出合理化建议，并在项目实施过程中发挥积极作用，协助组织者做好日常管理、班级管理等工作，从而在提升专业发展能力过程中，实现组织能力、管理能力、协调能力等"隐性能力"的发展。四是项目评价应实现以静态化评价为主到以动态化评价为主的转变。项目评价是项目建设的重要环节，尽管大部分项目在实施过程中提出了明确的考评要求，但往往是在项目实施之后作出的整体评价，关注的主要是对项目实施主体的评价、对项目实施效果的评价、对参与对象的评价等。这种在项目结束之后实施的评价，我们可以称之为静态化评价，这种评价方式侧重对项目实施整体效果的考量，对项目实施的过程性评价关注不多，对项目运行过程中出现的具体问题缺乏及时有效的应对策略。借鉴国外高校教师专业发展项目建设经验，我们认为应更多地采用动态化评价，也就是说应更多地关注项目实施的过程性评价，在项目实施过程中及时汇总各方面的反馈意见并开展分析，迅速作出反应与改进，对正在实施的项目从内容、形式、师资、组织管理等方面作出相应调整，推动项目建设更加符合青年教师的实际要求。

参考文献

［1］杨婷婷.高校教师教学能力发展与教育研究［M］.长春：吉林摄影出版社，2022.

［2］金晶.智慧教育时代高校教师信息化教学能力的发展路径研究［M］.南京：东南大学出版社，2023.

［3］谢红星，文鹏.高等学校青年教师专业发展能力提升研究［M］.武汉：武汉大学出版社，2022.

［4］吴磊.互联网视域下高校定向运动教师教学能力提升策略研究［M］.北京：中国纺织出版社，2023.

［5］张奎明.高校优秀教师教学能力发展研究［M］.济南：山东大学出版社，2021.

［6］李红，王谦.新时代高校实践育人理论与实践［M］.镇江：江苏大学出版社，2021.

［7］程旭，姜晓坤.高职教师教学能力培养与创新团队建设［M］.长春：吉林出版集团股份有限公司，2022.

［8］徐大林.教师教学反思能力培养及其行动研究［M］.成都：电子科学技术大学出版社，2020.

［9］李赞鹏，张靖.高校教师教学能力提升策略研究［M］.长春：吉林出版集团股份有限公司，2023.

［10］胡立卫，李辉，邓林.高校教师教学能力提升策略研究［M］.长春：吉林出版集团股份有限公司，2022.

［11］王娟.高职英语教学与教师职业能力培养研究［M］.沈阳：辽宁大学出版社，2021.

［12］李玉萍.高校教师信息化教学能力发展研究［M］.合肥：中国科学技术大学出版社，2021.

［13］陈卓.现代高校教师教学能力提升策略研究［M］.北京：中国纺织出版社，2022.

［14］何李来.高师院校教育类课程教师教学能力发展研究［M］.福州：福建教育出版社，2022.

［15］袁峥.高校教育管理与教师教学能力发展研究［M］.汕头：汕头大学出版社，2023.

［16］郝庆波，张晓楠.大数据时代高校教师教学能力提升策略研究［M］.长春：吉林人民出版社，2020.

［17］杨静.核心素养背景下教师教学能力研究［M］.广州：中山大学出版社，2022.

［18］张琳.指向核心素养的师范生信息化教学能力研究［M］.上海：上海交通大学出版社，2021.

［19］朱笑荣.高校教师教学改革创新与发展研究［M］.长春：吉林大学出版社，2021.

［20］许莲花，李印平，鲁美池.高校教育教学管理创新研究［M］.成都：四川大学出版社，2023.